防范和处置非法集资条例解读与适用指南

郭 华◎编著

中国法制出版社
CHINA LEGAL PUBLISHING HOUSE

序　言

习近平总书记在党的十九届四中全会上指出，我们要打赢防范化解重大金融风险攻坚战，必须坚持和完善中国特色社会主义制度、推进国家治理体系和治理能力现代化，运用制度威力应对风险挑战的冲击。防范和处置非法集资是一项长期、复杂、艰巨的系统性工程，关系人民群众切身利益、经济金融健康发展和社会稳定大局。党中央、国务院对此高度重视，出台有关文件明确了防范和处置非法集资的基本原则、工作机制、工作责任、具体举措和重点任务。制定防范和处置非法集资的法律和完善其相关运行机制是保障防范和处置非法集资依法推进的基础，也是做好防范和处置非法集资工作的法制保障。2020 年 12 月 21 日，国务院第 119 次常务会议通过《防范和处置非法集资条例（草案)》，并于 2021 年 1 月 26 日公布。当前，非法集资活动依然处于易发高发多发的时期，网贷平台、私募等领域风险积聚以及债权、基金、信托风险初现的当下，金融风险和社会问题交织叠加，全面贯彻和落实《防范和处置非法集资条例》的内容，对于构建防范非法集资的新格局和处非打非的新机制，从源头上遏制非法集资高发蔓延势头和消解非法集资苗头性问题，打好防范化解重大金融风险攻坚战，均具有特别重要的意义。

我国非法集资早期称为“乱集资”“有偿集资”“高利集资”，主要源于政府文件。1986 年的《银行管理暂行条例》规定了“非法集资属于地下金融范畴”。1993 年 8 月 6 日，国务院批转《中国人民银行关于集中信贷资金保证当前经济发展重点需要意见的通知》（国发明电〔1993〕11 号）指出，对于违反国家规定乱集资或把贷款用于搞房地产和股票交易的企业，对被主管部门抽走资金或向其他企业和非银行金融机构转移资金的企业，要限期纠正，否则停止贷款，并“要坚决制止和纠正违章拆借、非法集资”。早期引起中央重视的非法集资案件是 1993 年的“沈太福案”。1993 年 9 月 3 日，国务院《关于坚决制止乱集资和加强债券发行管理的通知》以及《关于清理有偿集资活动坚决制止乱集资问题的通知》（国发〔1993〕62 号）指出，“为了贯彻中共中央、国务院关于加强宏观调控、整顿金融秩序的要求，现就清理有偿集资活动、坚决制止乱集资”。在这一时期，非法集资与有偿集资在意义上具有等同性。

2006年5月，国务院研究决定建立由原银监会作为牵头单位，包括18个成员单位的处置非法集资部际联席会议的工作机制。2007年《国务院关于同意建立处置非法集资部际联席会议制度的批复》（国函〔2007〕4号）；2010年《国务院办公厅关于严厉打击非法集资有关问题的通知》（国办法电〔2010〕2号）；中宣部、中央维稳办、最高人民法院、农业部等31个部门组成的处置非法集资部际联席会议制定了《防范和打击非法集资宣传教育规划纲要（2010—2015年）》。2015年10月19日《国务院关于进一步做好防范和处置非法集资工作的意见》（国发〔2015〕59号）要求：“梳理非法集资有关法律规定适用中存在的问题，对罪名适用、量刑标准、刑民交叉、涉案财物处置等问题进行重点研究，推动制定和完善相关法律法规及司法解释。建立健全非法集资刑事诉讼涉案财物保管移送、审前返还、先行处置、违法所得追缴、执行等制度程序。修订《非法金融机构和非法金融业务活动取缔办法》，研究地方各级人民政府与司法机关在案件查处和善后处置阶段的职责划分，完善非法集资案件处置依据。”

2018 年将制定《处置非法集资条例》列入国务院 2018 年立法工作计划。2016 年 5 月原银监会按照《国务院关于进一步做好防范和处置非法集资工作的意见》（国发〔2015〕59 号）的精神，启动了《处置非法集资条例》立法工作，并牵头起草形成《处置非法集资条例（初稿)》。7 月《处置非法集资条例（初稿)》向省（区、市）和有关部门多次征求意见后，8 月提交原国务院法制办审查。2017 年 8 月至 9 月由原国务院法制办就《处置非法集资条例（征求意见稿)》向社会公开征求意见。《处置非法集资条例（征求意见稿)》共六章三十七条，其总体结构为“总则”“预防监测”“行政调查”“行政处置”“法律责任”和“附则”。制定条例的总体原则是：一是防打结合，打早打小。规定了政府和有关部门应当加强宣传教育，加强广告管理、互联网信息管理，建立非法集资监测预警机制和举报奖励制度等，使非法集资少发生、早发现，还规定了启动非法集资行政调查的情形和相应的手段措施，以利于对非法集资活动尽早处置。二是征求意见稿明确责任，明确了省级人民政府是防范和处置非法集资的第一责任人，同时要求落实各行业主管、监管部门的监督管理职责，进一步完善中央和地方防范和处置非法集资工作机制。明确了现行职责分工，进一步完善、细化了相关工作机制。三是行刑衔接，分别施策。防范和处置非法集资，源头治理是根本，刑事打击是后续手段。强化行政处理有利于源头治理，因此，征求意见稿对非法集资行政调查作了明确规定，并在案件移送、协调配合等方面与刑事司法程序作了衔接。随后经过相关部门配合，原国务院法制办梳理完成相关意见，做好了《防范和处置非法集资条例》（以下简称《条例》）的修改完善工作。同时，联席会议积极配合做好实地调研、国际比较研究、风险评估、修改完善等工作。2018 年年底，人民银行建议将《非法金融机构和非法金融业务活动取缔办法》与《条例》合并出台。2019 年，《防范和处置非法集资条例》列入国务院立法计划，并修改条例名称为《防范和处置非法集资条例（修改稿）》（共五章三十五条）。修改稿总体结构发生了变化，结构为“总则”“防范”“处置”“法律责任”和“附则”。11 月，《条例》提请国务院金融委审议。2020 年 12 月 21 日，国务院第 119 次常务会议通过了《防范和处置非法集资条例》(草案)。草案通过后再次进行了部分术语和表达方式的修改，历经一个半月后于2021年2月10日公布了《防范和处置非法集资条例》，共五章四十条，自2021年5月1日起实施。

《条例》作为第一部专门规范非法集资行政处置工作的行政法规，赋予了地方人民政府及其牵头部门、职能部门对非法集资活动的行政调查权力，解决了地方政府在查处非法集资执法有责无权、法律依据不足、措施手段不够等突出性问题，使非法集资法律界定清晰化、职责分工法定化、组织查处主体特定化。主要包括以下内容：一是明确非法集资的定义及适用范围。界定非法集资行为，确定了非法集资的“非法性”“利诱性”和“社会性”，明确了行政机关对非法集资定性、防范和处置的范围。二是建立职责明确、协同配合、保障有力的防范处置非法集资工作机制及其职权分工。强调省级人民政府对本行政区域内防范和处置非法集资工作负总责，明确了县级以上地方人民政府确定牵头主体，强化工作领导和各部门之间协调的职责。三是强化预防监测机制。突出关口前移、防范为主的原则，明确市场主体登记管理、广告管理、互联网信息管理、金融机构防范、宣传教育等职责，有效发挥各方面力量，加强源头治理，注重防控的打早打小。四是完善处置手段和措施。赋予地方政府行政查处权力，明确可以采取的手段和措施，以便有力推动行政处置工作。五是规范资金清退程序，明确清退资金来源，强化了非法集资人、非法集资协助人追回、变价出售有关资产用于清退资金，便于最大限度挽回经济损失。六是加大处罚力度。从全链条治理的角度，对非法集资人、非法集资协助人、广告经营者和发布者、互联网信息服务提供者等责任主体明确严厉处罚措施，通过提高违法成本来震慑和遏制非法集资行为。《条例》属于《国务院关于进一步做好防范和处置非法集资工作的意见》即国发〔2015〕59号文的“升级”版，在非法集资的认定、职责分配以及部门协商方面更加完善与系统，解决了募集资金领域违法与犯罪界限不清晰问题，防止动辄采取刑事立案“强硬”手段解决违反国家金融管理规定的行政违法问题，在合法行为与犯罪行为之间，明确了缓冲地带“行政违法及处置”。明确了对非法集资行为如何进行预防监测、行政调查、处理以及承担的法律责任的标准，这是对非法集资行为的行政执法权从工作流程到责任机制的全面规范。作为强调预防的行政法规，明晰了行政执法和刑事司法的合理边界，对于《刑法》等现有惩罚非法集资的法律体系是一个有效的缓冲。

近年来，面对非法集资案件高发多发态势，各地区、各部门采取有力措施严厉打击，在化解存量、遏制增量、防控变量等方面取得了积极成效，但形势依然比较严峻。《条例》作为行政法规是处置非法集资牵头部门及相关部门等防范处置非法集资的法律依据，有别于《刑法》以及相关司法解释追究刑事责任的规定。《条例》的适用需要以全面深入阐释《条例》的精神为基础，从宣传教育、工作培训、督促指导等方面加强宣传解读，积极回应社会关切的问题，强化群众金融风险知识和投资知识宣贯，使“参与非法集资风险自担”以及“任何人都不能从非法集资中获利”的观念深入人心。同时，地方人民政府应结合地方实际，出台与之相配套的实施细则，组建执法队伍，统一思想认识，准确解读条例内容，强化工作保障，强化责任落实，推动《条例》全面落地和有效实施，切实提高防范处置非法集资工作能力和政策水平，建立行政处置与刑事追责的衔接机制，加强对非法集资的防范处置力度，推进其工作依法有序进行。用法治的办法加强重点领域监管，有利于形成齐抓共管、群防群治、各尽其责、通力协作的非法集资综合治理格局，对于防范化解风险，保护群众合法权益，具有重要意义。

本书是基于本人参与防范和处置非法集资条例征求意见稿、修改稿以及草案讨论中长期思考和研究撰写而成的。在编写过程中得到了北京大学法学院教授、博士生导师王新博士、公安部经济犯罪侦查局副局长杨书文博士、中国银保监会打非局隋金秀处长、北京大成律师事务所肖飒律师、金信网银监管科技研究院李崇纲院长等各位领导的大力支持和无私协助，在此对他们表示衷心的感谢。

郭华

2021 年 3 月 27 日于北京·中央财经大学

目　录

Contents

第一章　总　　则

第二章　防　　范

第三章 处 置

第四章 法律责任

第五章　附　　则

关联法规

第一章　总　则

【本章概述】

本章是关于防范和处置非法集资的立法目的、概念、适用范围、基本原则、主体之间职权与分工以及经费等内容的总括性规定。这些规定是对实践中处置非法集资经验的提升与凝练，以实践中的问题和防范与处置非法集资追求的目标为导向，注重非法集资的源头治理，强调防范为主和打早打小，注重标本兼治和全链条治理，要求防范和处置非法集资牵头部门、国务院金融管理部门以及其他部门各司其职、各负其责、协同防控，强调联席会议督促、指导和协调的作用，旨在实现对非法集资活动全社会、全行业、全生态链防控，保障防范和处置非法集资能够促使资本服务实体经济，促进经济高效、有序、高质量发展，保护人民群众合法财产安全，切实维护社会稳定。

本章共七条（第一条至第七条）。其内容主要包括制定防范和处置非法集资的目标任务、非法集资的概念、适用范围、防范处置非法集资的原则以及各级人民政府及其相关部门、部际联席会议等在防范和处置非法集资的职责和分工。这些内容不仅对其他章的规定有指导性作用，也为开展防范和处置非法集资活动遇到法条没有明确规定或者开展活动中存在分歧时，提供可供遵循的原则以及方向性的指引。

第一条 为了防范和处置非法集资，保护社会公众合法权益，防范化解金融风险，维护经济秩序和社会稳定，制定本条例。

【本条宗旨】

本条是关于防范和处置非法集资立法目的的规定，旨在为开展防范和处置非法集资提供目标任务，为本《条例》其他各章的内容提供指导，也为适用本《条例》提供方向性指引。

【内容解读】

本条规定了防范和处置非法集资的立法目的，包括以下四个层面的内容：

一是防范和处置非法集资。我国规范性开展防范和处置非法集资机制源于2006年国务院同意原银监会（现为银保监会）牵头建立的“处置非法集资部际联席会议制度”。在党中央、国务院高度重视下，全国各地开展了一系列防范和打击非法集资宣传教育工作，有力推动了防范处置非法集资工作的顺利开展，取得了初步成效。但是，处置非法集资工作面临的形势依然严峻，非法集资案件居高不下，大案要案频发，并从单一行业、领域蔓延到多行业、多领域，成为典型的涉众型经济违法犯罪形态。解决这些问题和遏制这些乱象原有的刑事手段在法律制度上本应属于后端治理措施，在实践中却一直处于“冲锋陷阵”的前沿，非法集资的源头治理和防范工作未得到有效制度的特别关注，以至于非法集资治理的有效性不高。即使是行政手段治理非法集资基本也是基于政策的要求，治理未能形成长效性的法律机制。尤其是对非法集资不分主次的共同发力和专项治理，常因活动的开展有效性不明显而导致正常的经济秩序受到影响。后又不得不对原有的治理方式予以纠偏，以至于为维护正常的经济秩序和保护社会公众合法权益付出较高的成本和昂贵的代价。基于实践中开展非法集资治理手段措施的效果不明显、治理手段的不稳妥和治理方式的不持续，《条例》将防范和处置非法集资共同作为首要目的和目标，充分体现了国家治理非法集资问题的审慎立场。但在工作中不应仅仅重视处置而忽视防范，同时应当保障防范的“有效性”和处置的“稳妥性”，特别是处置非法集资过程中的“稳妥”，以免在处置过程中衍生一些处置的风险，影响处置的权威性。

二是保护社会公众的合法权益。非法集资有范围广、受害群众多、涉案金额大等特点，其涉众性关乎大多数人民群众的利益，对于非法集资不仅需要打击和处置，更为重要的是打击与处置过程需要关注“追赃挽损”，强调任何单位和个人不得从非法集资中获得经济利益，降低群众因非法集资造成的财产损失，以免因处置非法集资而使公众的合法财产受到“二次损害”。这就特别需要防止处置部门在处置非法集资时单纯处置或者基于地方经济利益处置，而损害公众的合法权益。基于以人民为中心的要求，本条将“保护公众合法权益”作为处置非法集资的目的之一，并放置在重要的位置。此条在“公众”前增加了“社会”作为限定，表明其涉众性和社会性以及不特定性特点，使得立法在此方面的表达更加精准。其中，合法权益不包括从非法集资中获得回报或许诺的利息。

三是防范化解金融风险。党的十九大报告指出，要坚决打好防范化解重大风险、精准脱贫、污染防治三大攻坚战。其中，打好防范化解重大风险攻坚战的重点是“防控金融风险”，而处置非法集资是防范金融风险的重要工作。因为非法集资容易滋生金融安全的隐患，所以防范和处置非法集资成为打好防范化解重大风险攻坚战的重要举措。基于目前金融风险的形势以及非法集资与金融风险的传染关系，本条将防范化解金融风险作为防范和处置非法集资的目的之一。这是《条例》在征求意见的基础上增加的一项内容。

四是维护经济秩序和社会稳定。我国经济社会保持较快发展，资金需求旺盛，融资难、融资贵问题比较突出，民间投资渠道狭窄的现实困难和非法集资高额回报的巨大诱惑交织共存，导致出现影响经济秩序和社会稳定的非法集资活动不断发生。当前，经济下行压力较大，特别是受疫情和国际形势影响，企业生产经营困难增多，各类不规范民间融资介入较深的行业领域使得金融风险加剧并暴露得相对集中，日益凸显的非法集资会影响到社会就业并带来其他社会不稳定因素。一些案件由于参与群众多、财产损失大，频繁引发群体性事件，甚至导致极端过激事件发生，带来了严重影响社会稳定的问题。因此，本条强调维护经济秩序和社会稳定并将其作为防范和处置非法集资的最终目的。

另外，《条例》是基于政策规定和时代的要求而制定的，在制定上没有像其他行政法规那样明确其“制定依据”，但不代表没有法律依据，其主要是基于实践的需要和国务院立法权限而制定的，即基于“国务院行政管理职权的事项”制定。在学习本条时还需要关注以下有关规定：1998 年 6 月 30 日国务院第 5 次常务会议通过的《非法金融机构和非法金融业务活动取缔办法》（以下简称《取缔办法》）（国务院令 247 号）（已废止）；2007 年《国务院关于同意建立处置非法集资部际联席会议制度的批复》（国函〔2007〕4 号）；中宣部、中央维稳办、最高人民法院、农业部等 31 个部门组成的处置非法集资部际联席会议制定的《防范和打击非法集资宣传教育规划纲要（2010－2015年）》；2008年9月27日处置非法集资部际联席会议处发布的《处置非法集资工作操作流程（试行）》；2015年国务院发布的《国务院关于进一步做好防范和处置非法集资工作的意见》（国发〔2015〕59号）；2010年《最高人民法院关于审理非法集资刑事案件具体应用法律若干问题的解释》（以下简称《2010年非法集资司法解释》）；2013年《最高人民法院、最高人民检察院、公安部关于办理组织领导传销活动刑事案件适用法律若干问题的意见》；2014年《最高人民法院、最高人民检察院、公安部关于办理非法集资刑事案件适用法律若干问题的意见》；2017年《最高人民检察院关于办理涉互联网金融犯罪案件有关问题座谈会纪要》（高检诉〔2017〕14号）；2019年《最高人民法院、最高人民检察院、公安部关于办理非法集资刑事案件若干问题的意见》（以下简称《2019年非法集资意见》）；2020年12月23日最高人民法院审判委员会第1823次会议通过的《关于在审理经济纠纷案件中涉及经济犯罪嫌疑若干问题的规定》等。这些规定对于理解《条例》的立法目的具有特别重要的意义。

根据《行政法规制定程序条例》第五条的规定，行政法规的名称一般称“条例”，也可以称“规定”“办法”等。国务院根据全国人民代表大会及其常务委员会的授权决定制定的行政法规，称“暂行条例”或者“暂行规定”。同时，《条例》在附则中规定了1998年7月13日国务院发布的《非法金融机构与非法金融业务活动取缔办法》同时废止。基于《取缔办法》废止，制定替代的行政法规不宜再采用办法，所以采用了“条例”作为行政法规的名称。

【实务要点】

《条例》的立法目的遵循了《国务院关于进一步做好防范和处置非法集资工作的意见》的规定，多数内容吸收了1998年6月30日国务院第5次常务会议通过的《非法金融机构和非法金融业务活动取缔办法》（国务院令247号）（已废止）的规定。在此问题上，国务院在早期曾经准备修改《取缔办法》，后因人民银行要求并合而予以废止。本《条例》已经替代了《取缔办法》，《取缔办法》因此被废止。《条例》不仅将征求意见稿的名称《处置非法集资条例》改为《防范和处置非法集资条例》，而且还将社会公众合法权益、防范化解金融风险以及经济秩序和社会稳定一体并作出“保护”和“维护”区分，强调了“防范化解金融风险”以及处置过程中的“社会稳定”，反映出《条例》在制定过程中的目标调整与指导思想的变化。其中，保护是为了使其不受损害，重点在于“使其免受破坏和不良影响”；而维护的重点在于“保持完整无缺”，重在合法利益不受损害。因此，防范和处置非法集资中对于“社会公众的合法权益”和“经济秩序”应当充分体现各自的侧重点，毕竟其非法集资的“资”在本质上属于“社会公众的合法财产”，因此不可在处置非法集资中损害公众的合法权益，再次激发或者扩散新的社会不稳定因素。

近年来，面对非法集资案件高发多发态势，各地区各部门采取有力措施严厉打击，化解存量、遏制增量、防控变量，取得积极成效，但形势依然比较严峻。我国经济社会保持较快发展，资金需求旺盛，融资难、融资贵问题比较突出，在处置非法集资中针对《条例》目的需要注意处置的先后顺序，严格区分合法集资和非法集资的界限，尤其是行政违法和刑事犯罪的界限，树立最大化“挽损”的理念；同时，注重金融风险的防范与化解，而不是一味彻底“消灭”金融风险，保证防范与处置非法集资不违反金融固有风险的本质，不发生系统性的、区域性的金融风险，严防处置非法集资风险中扩散或者衍生新的风险。

【参考依据】

《立法法》（2015 年 3 月 15 日）

第六十五条 国务院根据宪法和法律，制定行政法规。

行政法规可以就下列事项作出规定：

（一）为执行法律的规定需要制定行政法规的事项；

（二）宪法第八十九条规定的国务院行政管理职权的事项。

应当由全国人民代表大会及其常务委员会制定法律的事项，国务院根据全国人民代表大会及其常务委员会的授权决定先制定的行政法规，经过实践检验，制定法律的条件成熟时，国务院应当及时提请全国人民代表大会及其常务委员会制定法律。

《国务院关于进一步做好防范和处置非法集资工作的意见》（2015 年 10 月 19 日）

……

按照党中央、国务院决策部署，为有效遏制非法集资高发蔓延势头，加大防范和处置工作力度，切实保护人民群众合法权益，防范系统性区域性金融风险……

（一）指导思想。深入贯彻党的十八大和十八届三中、四中全会精神，认真落实党中央、国务院决策部署，主动适应经济发展新常态，坚持系统治理、依法治理、综合治理、源头治理，进一步健全责任明确、上下联动、齐抓共管、配合有力的工作格局，加大防范预警、案件处置、宣传教育等工作力度，开正门、堵邪路，逐步建立防打结合、打早打小、综合施策、标本兼治的综合治理长效机制。

……

（三）主要目标。非法集资高发势头得到遏制，存量风险及时化解，增量风险逐步减少，大案要案依法、稳妥处置。非法集资监测到位、预警及时、防范得力，一旦发现苗头要及早引导、规范、处置。政策法规进一步完善，处置非法集资工作纳入法治化轨道。广大人民群众相关法律意识和风险意识显著提高，买者自负、风险自担的意识氛围逐步形成。金融服务水平进一步提高，投融资体系进一步完善，非法集资生存土壤逐步消除。

……

第二条 本条例所称非法集资，是指未经国务院金融管理部门依法许可或者违反国家金融管理规定，以许诺还本付息或者给予其他投资回报等方式，向不特定对象吸收资金的行为。

非法集资的防范以及行政机关对非法集资的处置，适用本条例。法律、行政法规对非法从事银行、证券、保险、外汇等金融业务活动另有规定的，适用其规定。

本条例所称国务院金融管理部门，是指中国人民银行、国务院金融监督管理机构和国务院外汇管理部门。

【本条宗旨】

本条是关于非法集资概念、《条例》适用范围的规定，旨在使非法集资的边界清晰化，为防范和处置非法集资提供判断依据。

【内容解读】

本条规定了非法集资的概念以及适用范围，共分三款。

第一款规定了非法集资的概念。集资作为融通资金的一种方式，是指集聚资金的行为。其行为包括直接集资和间接集资、公开集资和不公开集资以及合法集资和非法集资。防范和处置尤其是行政手段处置非法集资概念的规定主要是借鉴司法解释及相关规定，特别是借助于刑事司法解释界定非法集资行为。本条解决了非法集资定性、防范和打击的对象问题。按照本条的规定，非法集资包括以下几层含义：

一是指未经国务院金融管理部门依法许可或者违反国家金融管理规定，即“非法性”。集资的前提是有无国务院金融管理部门的依法许可或者是否违反国家金融管理的规定。其中又包含三个层面的含义：

（1）集资许可的部门为国家金融管理部门。本《条例》采用了国务院金融管理部门的术语，以示与“金融监管部门”的不同。全国第五次金融工作会议明确了地方政府要在坚持金融管理主要是中央事权的前提下，按照中央统一规则，强化属地风险处置责任。坚持中央对金融业统一管理，赋予地方一定金融监管职责，形成“中央为主、地方补充，规制统一、权责明晰、运转协调、安全高效”的金融监管和风险防范处置体制。“金融监管部门”包括中央金融监管部门以及派出机构（“一行二会”），但这里的国务院金融管理部门仅限于中国人民银行、国务院金融监督管理机构和国务院外汇管理部门。

（2）集资是否经过国务院金融管理部门办理许可或者违反国家金融管理规定。我国对有些募集资金采用许可制度，采用持牌经营，如金融机构、金融消费公司等；对有些采用备案制度，如私募基金等。许可需要事先批准，备案属于事后。随着金融监管体制机制改革，是否还存在其他形式没有规定，本条没有将是否“办理相关手续”作为开放性界定非法集资的范围，没有为未来可能存在的方式留下空间。

本条特别强调国家金融管理规定，而非是地方金融监管的地方性法规。目前多个省市已经颁布了地方金融监管条例，这些条例确定地方金融监管部门不属于本条规定的“国务院金融管理部门”，违反这些地方金融监管法规也不属于国家金融管理规定。这使得非法集资界定范围相对限缩，体现了国家对非法集资界定的谨慎性。

（3）即使经过国务院金融管理部门的许可，办理相关手续且获得集资的主体资格，其从事的业务或者产品未经许可或者活动违反国家金融管理规定，也属于非法集资。本条采用了行政法上的许可术语，未采用以往的“审批”，是因为审批属于行政管理学上的概念，旨在与行政许可法保持一致。

二是以许诺还本付息或者给予其他投资回报等方式吸收资金，即“利诱性”。这种许诺不仅包括现时的给付回报承诺，还包括将来给付回报承诺。在实践中，多数非法集资存在许诺回报，但也存在不明确约定给予固定回报，仅仅采取向投资人展示其过往回报业绩、预测投资的收益回报、展示对其他投资人的预期收益等暗示的方式，或者在招募说明书中载明按期支付高额利息、在宣传中默认给付回报等方式。其他投资回报的方式，既包括固定回报，也包括非固定回报。给付回报的形式，除货币之外，还有实物、消费、股权等形式，体现了非法集资的有偿性。这是对1999年中国人民银行《关于取缔非法金融机构和非法金融业务活动中有关问题的通知》、2007年《国务院办公厅关于依法惩处非法集资有关问题的通知》以及《2010 年非法集资司法解释》的吸收，即将以许诺给予投资回报等方式总结为“有偿性”并将其转化“利诱性”作为判断非法集资的特征。

三是向不特定对象吸收资金的行为，即“社会性”。这是指面向社会吸收资金，体现了社会性的特征。这种不特定对象仅限于对象的不特定性，而非吸收资金形式的不特定性。这种不特定因其面向社会公众，具有涉众性。也就是说，对吸收资金对象没有限制性，可以随时增加或者没有参与的门槛限制。对于社会性的要求，采用了《2010 年非法集资司法解释》规定的“社会公众”的规定，但在理解其含义时仍然可以作为理解的参考。对于在向亲友或者单位内部人员吸收资金的过程中，明知亲友或者单位内部人员向不特定对象吸收资金而予以放任的，或者以吸收资金为目的，将社会人员吸收为单位内部人员，并向其吸收资金的，可以认定为针对不特定对象吸收资金行为。需要注意的是，征求意见稿曾采用“筹集资金”，最终稿采用“吸收资金”，以区别其他募集资金（如私募）和内部筹集资金的行为。本条将集资聚焦于“吸收资金”，重在“吸”与“集”，将“资”限定在“资金”上，不同于理论上包括的可转换或兑付的财务。

第二款从正反两个方面划定了《条例》适用的范围。这不是对第一款规定的限制，属于对第一款的补充。从正反两个方面划定《条例》的适用范围，旨在避免在法规适用中出现漏洞。法律、行政法规对非法集资的防范和处置另有规定的，从其规定，而非是对非法集资另有规定的从其规定。这里包含两层含义：一是非法集资的防范以及行政机关对非法集资的处理适用本《条例》。也就是说，对于防范非法集资没有主体上的限制，不仅包括行政部门，也包括金融机构、非银行支付机构、协会、商会以及群众性自治组织，还包括司法机关。而对于处置非法集资的适用仅限于行政机关，对于司法机关处置非法集资犯罪等不适用本《条例》，但仍可以作为参考。二是法律、行政法规对非法从事银行、证券、保险、外汇等金融业务活动另有规定的，适用其规定。《条例》属于国务院的行政法规，行政法规不得与法律相抵触，全国人大或者人大常委会制定的法律对防范和处置非法集资另有规定的，按照下位法遵循上位法的原则执行；对其他行政法规另有规定的，本《条例》属于防范和处置非法集资的一般法，有特殊规定的，按照特殊法优于一般法的原则，依照特殊法的规定执行。同时，法律、行政法规对非法金融业务活动没有规定的，可参照本《条例》执行。对未经依法许可或者违反国家金融管理规定，擅自从事发放贷款、支付结算、票据贴现等金融业务活动的，按国家与地方在金融监管分工进行处置。

第三款是对国务院金融管理部门的规定。国务院金融管理部门是中国人民银行、国务院金融监督管理机构和国务院外汇管理部门，包括国务院证券监督管理机构。

另外，本条对非法集资的界定吸收了 1999 年中国人民银行《关于取缔非法金融机构和非法金融业务活动中有关问题的通知》、2007 年《国务院办公厅关于依法惩处非法集资有关问题的通知》以及《2010 年非法集资司法解释》等的规定，将其归纳为“非法性”“利诱性”和“社会性”。但《条例》的规定不同于司法解释对非法吸收公众存款罪规定的四个特征。这是因为《条例》是行政法规，对于非法集资的界定寓于行政执法的视野，是在行政违法范围内的“非法集资”，体现的是非法集资的违法性，没有明确其“公开性”，以示与刑事上的非法集资犯罪不同，在适用上不宜与刑事犯罪非法集资的认定同日而语，也与法律、行政法规对非法从事银行、证券、保险、外汇等金融业务活动存在不同。对此理解需结合本《条例》第十九条和第三十九条。

【实务要点】

本条的规定与征求意见稿存在不同，原来征求意见稿的“违反国家有关规定”“金融管理法律”存在适用上的难题。如适用法律的广泛性，不限于“金融管理法律、行政法规”；同时在表述上改变了征求意见稿移植司法解释的界定方式，以示行政范围内的非法集资不同于非法集资犯罪。也没有采用征求意见稿中“超过规定人数的特定对象”的规定，这表明对非法集资界定的严格与谨慎。本条对非法集资含义从“非法性”“利诱性”和“社会性”进行界定，而非法集资犯罪的司法解释界定为“非法性”“利诱性”“公开性”和“社会性”。尽管在非法集资认定上应将行政法上的非法集资和刑事法上的有关非法集资犯罪予以区别，但对于违反国家金融监管部门部门规章和规范性文件的许可或者未依法办理相关手续均可以界定为非法集资，亦可作为非法集资执法的对象，例如，私募基金目前还没有相应的法律对此作为规定，就未在中国基金业协会备案从事私募活动的，如何认定为行政法的非法集资仍需要探索。

在经济活动中，有偿行为属于一般或者常态化的行为，无偿行为属于特殊或者例外，募集资金以及吸收资金的方式多样，实践中将吸收资金活动认定为非法集资以及作出相应的处置应当仅仅限定在本《条例》的范围内，不可扩大。同时，本条对非法集资的界定没有采用司法解释中“变相吸收资金”的表述形式，这是因为行政执法需要“依法行政”，对非法集资更应考虑是否存在违反法律法规依据，重在处置违反法律法规的形式“非法”判断，不同于司法解释作为非法集资类犯罪的实质性判断即“社会危害性”。当然，这并非表明《条例》中非法集资概念的范围窄于司法解释，其“违反国家金融管理规定”在一定程度上扩充了《条例》作为行政法规确认的非法集资的范围，作为犯罪形态的非法集资则不能因集资“违反国家金融管理规定”而一概确认为犯罪。《2010年非法集资司法解释》虽然将“非法”扩张为形式标准“未经批准”和实质标准“借用合法经营的形式”，但将“非法集资”的定义依然放置在“违反国家金融管理法律规定……”无论是形式标准“未经批准”还是新增的实质标准“借用合法经营的形式”均需以违反

"国家金融管理法律规定"为前提。《2019年非法集资意见》一方面强调"非法性"的认定，以《刑法》第九十六条的"国家规定"为界，而另一方面又以国家金融管理规章作为参考依据，采用折中立场予以解释。目前，关于法定犯在行政违法和刑事违法上的关系大致有三种观点：一是基于违法一元论的量的区别说，认为行政违法和刑事违法同样侵害法益，只是程度上的差别，表述为"一般违法性+可罚的违法性"或者"前置法定性+刑事法定量"；二是基于违法性多元论的质的区别说，认为行政法和刑法有不同的规范目的，在刑事违法性之外"经常地、单独地考虑'全体法秩序中的一般违法性'，这并无实际益处"；三是"质量混合区别说"，主张在刑法的核心领域采用"质的区别说"，在非核心领域采用"量的区别说"。行政违法与刑事违法量的差异在司法实务中更多地体现为"资金安全"的判断，如资金严重混同、债权人虚假、虚增利润等欺诈和高风险因素对社会公众资金安全的实质威胁或者侵害，以及扰乱金融秩序的危害程度。而金融刑事违法性的判断较大程度体现为"后果规则"，体现在社会危害性上。

【参考依据】

《关于取缔非法金融机构和非法金融业务活动中有关问题的通知》（1999年1月27日）

中国人民银行各分行、营业管理部：

《非法金融业务活动和非法金融机构取缔办法》（国务院〔1998〕247号令）颁布以来，人民银行各分支行进一步加大了对非法金融业务活动的查处力度，同时，一些分支行也提出，在认定和查处非法金融业务活动中有些问题需要进一步明确，现通知如下：

一、非法集资是指单位或者个人未依照法定程序经有关部门批准，以发行股票、债券、彩票、投资基金证券或其他债权凭证的方式向社会公众筹集资金，并承诺在一定期限内以货币、实物及其他方式向出资人还本付息或给予回报的行为。它具有如下特点：

（一）未经有关部门依法批准，包括没有批准权限的部门批准的集资以及有审批权限的问题超越权限批准的集资；

（二）承诺在一定期限内给出资人还本付息。还本付息的形式除以货币形式为主外，还包括以实物形式或其他形式；

（三）向社会不特定对象即社会公众筹集资金；

（四）以合法形式掩盖其非法集资的性质。

……

《国务院办公厅关于依法惩处非法集资有关问题的通知》（2007年7月25日）

……

二、当前非法集资的主要形式和特征

非法集资情况复杂，表现形式多样。有的打着“支持地方经济发展”“倡导绿色、健康消费”等旗号，有的引用产权式返租、电子商务、电子黄金、投资基金等新概念，手段隐蔽，欺骗性很强。从目前案发情况看，非法集资大致可划分为债权、股权、商品营销、生产经营等四大类。2006年，以生产经营合作为名的非法集资涉案价值占全部非法集资案件涉案价值的60%以上，需要引起高度关注。

非法集资的主要特征：一是未经有关监管部门依法批准，违规向社会（尤其是向不特定对象）筹集资金。如未经批准吸收社会资金；未经批准公开、非公开发行股票、债券等。二是承诺在一定期限内给予出资人货币、实物、股权等形式的投资回报。有的犯罪分子以提供种苗等形式吸收资金，承诺以收购或包销产品等方式支付回报；有的则以商品销售的方式吸收资金，以承诺返租、回购、转让等方式给予回报。三是以合法形式掩盖非法集资目的。为掩饰其非法目的，犯罪分子往往与受害者签订合同，伪装成正常的生产经营活动，最大限度地实现其骗取资金的最终目的。

……

第三条 本条例所称非法集资人，是指发起、主导或者组织实施非法集资的单位和个人；所称非法集资协助人，是指明知是非法集资而为其提供帮助并获取经济利益的单位和个人。

【本条宗旨】

本条是关于非法集资人、非法集资协助人的解释，旨在界定其范围和确定承担责任的主体。

【内容解读】

本条规定了非法集资人、非法集资协助人的范围。非法集资人是指发起、主导或者组织实施非法集资的单位和个人。在非法集资中，发起者是指倡议、创办或者筹划非法集资者；主导者是指引领、控制、推动非法集资行为者；组织者是相对参与者而言的，是指推进非法集资实施者。这些人员一般属于非法集资行为的组织者、领导者和管理人员，主要包括单位中的上级单位（总公司、母公司）的核心层、管理层和骨干人员，下属单位（分公司、子公司）的管理层和骨干人员，以及其他发挥主要作用的人员。实质上，实际控制人起到主导性、决定性作用。

非法集资协助人是指明知是非法集资而为其提供帮助并获得经济利益的单位和个人。对这些人认定，既要考虑其在非法集资行为中的作用，也要考虑其是否获取经济利益回报，一般是为非法集资行为人非法集资提供帮助，从中收取代理费、好处费、返点费、佣金、提成的“中间人”。例如，为非法集资提供账户支持、支付结算、协助非法集资转款的人。本条对非法集资协助人作了限定，需要明知是非法集资。其明知是指明明知道或者有可能知道或者应当知道从事非法集资，对不同知识背景的人、对基于市场普遍做法给予信任而效之的人，应当依据其任职情况、职业经历、专业背景、培训经历、本人因同类行为受到行政处罚或者刑事追究情况以及吸收资金方式、宣传推广、合同资料、业务流程等证据材料，并结合询问陈述，进行综合分析判断。《条例》与征求意见稿相比，在非法集资协助人界定中增加了明知的限定，旨在缩小目前的打击面，保持对非法集资协助人认定采用慎重的态度。

【实务要点】

对案情复杂、涉及面广、调查难度大的涉嫌非法集资案件，非法集资涉及集资人、集资协助人，还包括参与人等。集资参与人是指向非法集资活动投入资金的单位和个人。这些人在一定程度上也是非法集资的“被害人”或者受损人。本条对此进行严格的限制，旨在将非法集资人作为重点打击对象，对此严惩不贷，但对非法集资协助人需要谨慎，不仅需要从其获得经济利益上考虑，还应当判明其是否明知，且对其主观上的明知需要相应证据材料证明，同时还需要考虑其在非法集资中的地位、作用等因素，对其进行询问时，应针对明知；在认定上可以推定。因此，对非法集资协助人的认定应当谨慎、准确。对集资参与人不应作为执法对象，其前没有负面的“非法”集资参与人的评价，仅表述为“集资参与人”。

【参考依据】

《最高人民检察院关于办理涉互联网金融犯罪案件有关问题座谈会纪要》（2017 年 6 月 2 日）

……

9. 在非法吸收公众存款罪中，原则上认定主观故意并不要求以明知法律的禁止性规定为要件。特别是具备一定涉金融活动相关从业经历、专业背景或在犯罪活动中担任一定管理职务的犯罪嫌疑人，应当知晓相关金融法律管理规定，如果有证据证明其实际从事的行为应当批准而未经批准，行为在客观上具有非法性，原则上就可以认定其具有非法吸收公众存款的主观故意。在证明犯罪嫌疑人的主观故意时，可以收集运用犯罪嫌疑人的任职情况、职业经历、专业背景、培训经历、此前任职单位或者其本人因从事同类行为受到处罚情况等证据，证明犯罪嫌疑人提出的“不知道相关行为被法律所禁止，故不具有非法吸收公众存款的主观故意”等辩解不能成立。除此之外，还可以收集运用以下证据进一步印证犯罪嫌疑人知道或应当知道其所从事行为具有非法性，比如犯罪嫌疑人故意规避法律以逃避监管的相关证据：自己或要求下属与投资人签订虚假的亲友关系确认书，频繁更换宣传用语逃避监管，实际推介内容与宣传用语、实际经营状况不一致，刻意向投资人夸大公司兑付能力，在培训课程中传授或接受规避法律的方法，等等。

10. 对于无相关职业经历、专业背景，且从业时间短暂，在单位犯罪中层级较低，纯属执行单位领导指令的犯罪嫌疑人提出辩解的，如确实无其他证据证明其具有主观故意的，可以不作为犯罪处理。另外，实践中还存在犯罪嫌疑人提出因信赖行政主管部门出具的相关意见而陷入错误认识的辩解。如果上述辩解确有证据证明，不应作为犯罪处理，但应当对行政主管部门出具的相关意见及其出具过程进行查证，如存在以下情形之一，仍应认定犯罪嫌疑人具有非法吸收公众存款的主观故意：

（1）行政主管部门出具意见所涉及的行为与犯罪嫌疑人实际从事的行为不一致的；

(2) 行政主管部门出具的意见未对是否存在非法吸收公众存款问题进行合法性审查，仅对其他合法性问题进行审查的；

(3) 犯罪嫌疑人在行政主管部门出具意见时故意隐瞒事实、弄虚作假的；

(4) 犯罪嫌疑人与出具意见的行政主管部门的工作人员存在利益输送行为的；

(5) 犯罪嫌疑人存在其他影响和干扰行政主管部门出具意见公正性的情形的。

对于犯罪嫌疑人提出因信赖专家学者、律师等专业人士、主流新闻媒体宣传或有关行政主管部门工作人员的个人意见而陷入错误认识的辩解，不能作为犯罪嫌疑人判断自身行为合法性的根据和排除主观故意的理由。

……

《最高人民法院、最高人民检察院、公安部关于办理非法集资刑事案件若干问题的意见》（2019年1月30日）

……

四、关于主观故意的认定问题

认定犯罪嫌疑人、被告人是否具有非法吸收公众存款的犯罪故意，应当依据犯罪嫌疑人、被告人的任职情况、职业经历、专业背景、培训经历、本人因同类行为受到行政处罚或者刑事追究情况以及吸收资金方式、宣传推广、合同资料、业务流程等证据，结合其供述，进行综合分析判断。

……

十、关于集资参与人权利保障问题

集资参与人，是指向非法集资活动投入资金的单位和个人，为非法集资活动提供帮助并获取经济利益的单位和个人除外。

……

第四条 国家禁止任何形式的非法集资，对非法集资坚持防范为主、打早打小、综合治理、稳妥处置的原则。

【本条宗旨】

本条是关于防范和处置非法集资的政策、原则的规定，旨在为《条例》制定和执行实施提供指导思想。

【内容解读】

本条对防范和处置非法集资的政策、原则作出规定。一方面，本条采用禁止性规定的方式明示国家对非法集资的否定，以及对非法集资的强硬态度、基本立场，旗帜鲜明地表述了非法集资不受法律保护。非法集资作为违法犯罪行为，国家和政府通过立法的形式予以禁止和阻止，无论基于何种原因或者持有何种理由，任何形式的非法集资行为均在禁止之列。

另一方面，本条规定了防范和处置非法集资的基本原则，为防范和处置非法集资提供了政策指引、法律遵循和实践的方向。主要包括以下几个层面的内容：

一是坚持防范为主的原则。防范和处置非法集资应当将防范作为首位，防范是关键，打击是手段。将其作为基本原则与本《条例》的名称相一致。对于非法集资应当本着“防范入手，防早防小”的原则，加强监测预警，各方按职责扎实做好商事主体登记、互联网及广告管理、资金监测等工作，及时发现非法集资风险并切断传播渠道。全方位开展防范非法集资宣传教育，提高人民群众风险防范意识和识别能力，营造良好的多元化资本供给体制，培育公众的理性投资、风险自担的理念，自觉远离非法集资，自觉抵制非法集资，不断净化非法集资生存环境，减少非法集资案件发生，从源头上防控非法集资和控制非法集资活动的蔓延，实行疏堵结合，达到标本兼治。但是，防范不仅是一项政策要求，更需要通过相关制度机制和有效措施来保障，这就需要建立完善的防范体系，建立立体化、社会化、信息化的监测预警机制，充分发挥网格化管理和基层群众自治的经验和优势，群防群治，利用互联网、大数据、云计算、区块链等现代信息技术手段加强非法集资监测预警与监测。所以，从源头上予以遏制非法集资，需要以防范为主且重在防控。

二是坚持打早打小的原则。防范非法集资是基础，但无论如何防范都难以杜绝非法集资活动，需要对出现的非法集资及早予以打击。这就需要做到早发现、早报告、早预警、早处置，打早打小，做好防范监测与预警工作，力争在萌芽阶段发现风险，尽可能使非法集资不发生、少发生，控制苗头性或者倾向性的问题。一旦发生要打早打小，在苗头时期、涉众范围较小时及时解决问题，在苗头状态化解隐患，防止小风险演化成大问题。同时也要对浮出水面的非法集资活动予以及时打击。在打击上应当精准施策，处罚力度足，否则会影响其打击的震慑效应。

三是坚持综合治理的原则。综合治理的原则要求中央层面，部际联席会议顶层推动、协调督导，加强中央对非法集资治理的指导力量，地方各级人民政府统一领导，统筹指挥，强化跨区域、跨部门协作以及各部门协同配合，加强监督管理，强调治理的手段多样、治理的方法有效、治理的措施得力，形成合力，实行全链条治理模式；全面发挥防范和处置一线、基层部门、社区组织等资源优势，建立起社区网格化工作机制。这就需要构建责任明确、各尽其责、上下联动、齐抓共管、配合有力的综合治理格局。并通过强化宣传教育，积极引导和发动广大群众参与到防范和处置非法集资工作中来，同时还需要进一步深化金融改革，大力发展普惠金融，提升金融服务水平，不断完善中小微企业的融资制度，合理引导和规范民间金融发展，努力促进金融需要与金融供给之间的协调。

四是坚持稳妥处置的原则。稳妥处置需要按照各自的职责分工和工作权限依法查处非法集资活动，做到事实清楚、证据确凿、定性准确、依法处置。同时也要抓住非法集资重点领域、重点区域、重大案件，依法持续严厉打击，最大限度清退资金，做好群体性事件的预防和处置，有效维护社会稳定。在处置非法集资中讲求策略方法，依法、有序、稳妥处置风险，对非法集资资金清退时，最大限度减少集资参与人损失，全力保护人民群众财产安全，关注频繁引发群体性事件发生的案件类型，特别是行业领域风险事件集中暴露时，防止极端过激事件发生，切实维护社会大局的稳定。

基于本条的规定，《条例》将非法集资的“防范”放置在第二章并置于“处置”之前，虽然均规定了十一个条款，但突出非法集资防范的重要位置，同时《条例》用较多条款对非法集资的防范作出规定，这也是落实非法集资源头治理方针政策的体现。

【实务要点】

本条与征求意见稿相比，属于新增加的条款，旨在为非法集资防范和处置提供指导原则。近年来，国际国内经济金融形势复杂多变，我国经济发展不确定因素增加，非法集资活动出现抬头之势，大案要案频发，手段不断翻新，呈现出从单一行业、单一领域向多行业多领域渗透，由部分地区向全国蔓延，由国内向国外发展的趋势，非法集资形势持续复杂和严峻。处置非法集资部际联席会议 2020 年披露的数据显示，2019 年，全国共立案打击涉嫌非法集资刑事案件 5888 起，涉案金额 5434.2 亿元，同比分别上升 3.4%、53.4%。立案数同比增长 3.4%，而涉案金额却增加了 53.4%。2020 年公安机关共立案侦办非法集资犯罪案件 6800 余起，涉案金额 1100 余亿元，抓获犯罪嫌疑人约 1.6 万名，从境外 10 余个国家和地区缉捕外逃犯罪嫌疑人 80 余名。非法集资案件数量多、数额大和涉众广，已成为我国经济金融领域长期存在的痼疾，有着复杂的经济金融关联成因，如何妥善处置成为社会关注的焦点。防范与处置非法集资需要坚持防范的政策和处置的原则，特别需要注意依法打击与稳妥处置之间的关系，参与非法集资风险尽管应当自担责任，但不能因为其自担在“依法处置”中引发新的矛盾或者群体性事件。除了依法保护参与非法集资群众的合法财产利益外，更需要注意涉案群众的情绪，防止将经济纠纷作为非法集资处理。坚持防范非法集资第一，处置非法集资不仅要及时依法，在处置中更应重视化解，对各类风险分别采取不同措施，侧重于投资资金的责令追回和返还，而非简单地对非法集资人进行处罚或者打击，没收涉案资金或者罚款，处置应努力实现处置效果与经济效果、社会效果的统一。

【参考依据】

《国务院关于进一步做好防范和处置非法集资工作的意见》（2015年10月19日）

……

（二）基本原则。

一是防打结合，打早打小。既要解决好浮出水面的问题，讲求策略方法，依法、有序、稳妥处置风险；更要做好防范预警，尽可能使非法集资不发生、少发生，一旦发生要打早打小，在苗头时期、涉众范围较小时解决问题。

二是突出重点，依法打击。抓住非法集资重点领域、重点区域、重大案件，依法持续严厉打击，最大限度追赃挽损，强化跨区域、跨部门协作配合，防范好处置风险的风险，有效维护社会稳定。

三是疏堵结合，标本兼治。进一步深化金融改革，大力发展普惠金融，提升金融服务水平。完善民间融资制度，合理引导和规范民间金融发展。

四是齐抓共管，形成合力。地方各级人民政府牵头，统筹指挥；中央层面，部际联席会议顶层推动、协调督导，各部门协同配合，加强监督管理。强化宣传教育，积极引导和发动广大群众参与到防范和处置非法集资工作中来。

……

第五条　省、自治区、直辖市人民政府对本行政区域内防范和处置非法集资工作负总责，地方各级人民政府应当建立健全政府统一领导的防范和处置非法集资工作机制。县级以上地方人民政府应当明确防范和处置非法集资工作机制的牵头部门（以下简称处置非法集资牵头部门），有关部门以及国务院金融管理部门分支机构、派出机构等单位参加工作机制；乡镇人民政府应当明确牵头负责防范和处置非法集资工作的人员。上级地方人民政府应当督促、指导下级地方人民政府做好本行政区域防范和处置非法集资工作。

行业主管部门、监管部门应当按照职责分工，负责本行业、领域非法集资的防范和配合处置工作。

【本条宗旨】

本条是关于人民政府、行业主管、监管部门以及国务院金融管理部门分支机构、派出机构等防范和处置非法集资的职责与分工，旨在通过明确分工、各司其职，达到全链条的综合治理非法集资的目标。

【内容解读】

本条共有两款，分别明确了省级人民政府、地方各级人民政府、行业主管部门、监管部门以及国务院金融管理部门分支机构、派出机构的职责，解决地方政府在处置非法集资上执法有责无权、法律依据不足、法律手段缺乏等严重影响行政执法的突出问题，使防范和处置非法集资的职责分工法定化、查处主体特定化、处置过程程序化。根据国务院有关文件规定，处置非法集资工作的总原则是省级人民政府负总责、行业主管以及监管部门一线把关、部际联席会议组织协调，这既是对负有处置非法集资部门进行的职责分工，也是处置非法集资的工作机制。

第一款规定了人民政府防范和处置非法集资的职责。一是省级人民政府的职责。这是对《国务院关于进一步做好防范和处置非法集资工作的意见》规定内容的落实，强调省、自治区、直辖市人民政府对本行政区域内防范和处置非法集资工作负总责，明确责任承担的主体，有利于强化工作领导和保障。省级人民政府不仅是防范和处置非法集资的责任人，而且要对本行政区域防范和处置非法集资工作负总责，体现了省级人民政府的主体责任。

“负总责”是指对开展防范和处置非法集资产生的结果全部承担和负责。其负责者不仅包括防范和处置非法集资的领导者、执行者、推动者，也包括全面贯彻党中央、国务院关于防范和处置非法集资的大政方针和决策部署的落实者，结合本地区实际制定防范和处置非法集资政策措施的组织者，层层落实防范和处置非法集资情况的监督者。其中要区别“总责”“主责”和“全责”。一般而言，“总责”“全责”具有相通性，总责应当负全面责任，既包括落实中央的政策和国家法律的责任，也包括制定和建立防范和处置非法集资的政策和制度机制的责任，还包括监督检查落实防范和处置非法集资的责任；而分管的应当“负主责”，具体落实和开展防范和处置非法集资的职能部门应当负主责。

二是地方各级人民政府承担建立健全防范和处置非法集资工作机制，强调县级以上地方人民政府建立健全政府统一领导、有关部门参加的工作机制。这种工作机制包括防范和处置两个方面，主要落实本《条例》第二章和第三章规定的职责，建立处置非法集资工作举报机制、媒体监督机制、行政管理和行业监测预警等防范机制以及处置非法集资牵头部门对非法集资活动组织调查、立案、认定、处置等机制。地方各级人民政府包括省级政府、地市级政府、县级政府和乡镇街道政府，不包括村民委员会和居民委员会。地方各级政府应当建立健全政府统一领导的防范和处置非法集资机制。这些机制包括做好本行政区域内非法集资的风险排查、监测预警、案件调查、善后处置、宣传教育和维护稳定等工作，确保本行政区域防范和处置非法集资工作组织到位、体系完善、机制健全、保障有力；建立目标责任制，将防范和处置非法集资工作纳入领导班子和领导干部综合考核评价内容，明确责任，表彰奖励先进，对工作失职、渎职行为严肃追究责任。

三是县级以上地方各级人民政府应当明确防范和处置非法集资工作机制的牵头部门。之所以采用了由县级以上人民政府确定防范和处置非法集资工作机制的牵头部门，是要求政府不仅需要确定相关工作机制，还应当明确其工作机制的相关机构。目前处置非法集资的部门即“处非办”多设在地方金融监管部门或金融办，由于金融办的职责不完全是防范和处置非法集资，况且有些县区金融办并未作为一个独立的部门。为此，本条规定由县级以上人民政府确定，人民政府确定后应当拥有一定的执法人员以及办公场所和经费。实践中，一般由政府确定金融工作的部门（地方金融监管管理局或者金融办）负责非法集资的预防监测、行政调查处理、行政处罚以及其他部门分工配合、协同，但需要政府单独下文或者通过制定实施细则明确处置非法集资工作机制的牵头部门。有关部门以及国务院金融管理部门分支机构、派出机构等单位应当参加工作机制。乡镇人民政府应当明确牵头负责和处置非法集资工作的人员，这种人员的配备不同于上述工作机制的牵头部门的确定。

国家金融监管部门分支机构及其派出机构的职责。其中，分支机构主要是指中国人民银行根据履行职责的需要设立分支机构，如省级城市设立人民银行营业部。分支机构根据中国人民银行的授权，负责本辖区的金融监督管理，承办有关业务。国家金融监管部门派出机构主要是指银保监会和证监会在各地设立的监管局。其主要职责为，执行党的路线、方针、政策，加强党的全面领导，履行全面从严治党责任，负责党的建设和思想政治建设工作。根据银保监会的授权和统一领导，依法依规独立对辖内银行业和保险业实行统一监督管理；制定银行业和保险业监管法规、制度方面的实施细则和规定，监督相关法规、制度在辖内的落实；对有关银行业、保险业机构及其业务范围实行准入管理，审查高级管理人员任职资格；对有关银行业、保险业机构实行现场检查和非现场监管，开展风险与合规评估，保护金融消费者合法权益，依法查处违法违规行为；统计有关数据和信息，跟踪、监测、预测辖内银行业、保险业运行情况；指导和监督地方金融监管部门相关业务工作；负责党的基层组织建设和干部队伍建设；完成银保监会交办的其他工作。

四是上级地方人民政府应当督促、指导下级地方人民政府做好本行政区域防范和处置非法集资工作。对于防范和处置非法集资应由地方各级人民政府统一领导，统筹指挥，落实责任，在各自职责范围内各司其职，各负其责，通过建立健全工作机制和衔接协调机制达到齐抓共治的目的。但上级地方人民政府负有督促、指导下级地方人民政府做好本行政区域防范和处置非法集资工作的职责，督促、指导不力或者有错误的，应当承担责任。

第二款规定了行业主管、监管部门的职责。行业主管、监管部门建立本行业、本领域的非法集资风险防范和监测预警制度，落实责任部门和人员，强化日常监管，要有针对性地进行非法集资风险的防范、监测、排查和风险防范化解工作。重点行业主管、监管部门要制定相关行业防范和处置非法集资实施办法，需要成立专门机构，组织专职人员，负责本行业非法集资的监测预警工作，深入推动防范工作落实，发挥其一线的把关职责。之所以规定行业主管、监管部门建立本行业、本领域的非法集资防范工作，是因为我国在金融监管上属于分业监管，在要求上坚持“谁审批谁监管、谁主管谁监管、谁行权、谁担责”的原则，但是行业主管、监管部门仅限于本行业、本领域非法集资的防范，没有规定其处置，处置权依然在政府。

【实务要点】

本条沿袭了2007年《国务院办公厅关于依法惩处非法集资有关问题的通知》（国办发明电〔2017〕34号）的规定，在防范和处置非法集资职责上采用了强化顶层推动，增强开展工作合力。本条与征求意见稿相比，明确了政府和处置非法集资职能部门的责任形式，强调了行业主管、监管部门以及国家金融监管部门分支机构、派出机关的职责，形成职责层次分明与界限相对清晰的防范和处置非法集资的职责。

作为负总责的省级政府应当对防范和处置非法集资承担领导、指挥、监督、协调、保障和指导等责任，同时对防范和处置非法集资目标、任务、指导方针、具体指标、责任等落实责任。负总责不是指地方政府对本行政区域内的所有防范和处置非法集资职责承担无限的责任，而是就其职权职责范围内的事项承担总的责任。负总责强调的是省级政府与下级政府以及其职能部门之间职权责任的分工，地方政府应当承担对其工作部门依法防范和处置非法集资的统一指挥、组织、监督、指导、协调和保障，如果没有尽到这些责任，就得承担相应的责任。同时，还涉及“谁负总责”“总责包括哪些内容”“怎样负责”“不负责”谁来追究等问题。这种负责是对防范和处置非法集资负责，体现的是主体责任，主要包括政府的集体责任、政府主要负责人的责任、政府分管领导的责任，而非仅仅对上级政府承担责任。

根据《条例》的规定，防范和处置非法集资的工作机构架构了由县级以上地方各级人民政府确定牵头部门。其牵头部门的规定主要是防止出台一部法律，再造一个执法部门的问题，特别是现代综合执法部门的出现。目前将多部门交叉的执法监察权综合到一个机构（整合），成立专门的综合执法局。随着综合执法改革的深入，综合执法监察的范围还在不断得扩大，强化综合监管，以减少多头执法、职能交叉、推诿扯皮、执法扰民等行政执法监察领域的突出问题。非法集资具有涉众性，吸收的是不特定对象的资金，更需要专业性防范和处置，所以需要涉及的专业、领域的国务院金融管理部门分支机构、派出机构和行业主管部门、监管部门等有关部门的配合，由政府确定牵头部门。但在处理牵头部门和调查认定之间的关系，特别是组织调查以及采取措施以谁的名义以及后期认定，牵头部门处置措施以谁的名义等方面应当保持同一。对县级以上政府的承担防范和处置非法集资工作机构需要通过正式文件落实，同时需要在工作机制、人员和经费等方面予以保障，以免出现其机构与其他部门重合，无法担当起防范和处置非法集资的职责。该问题的关键为是否牵头部门是固定的专门机构，如果机构不健全或者属于临时机构是难以发挥防范非法集资作用的；如果这种机构不专业，也难妥善处理好非法集资事件。

另外，国家金融监管部门的分支机构及其派出机构应当规范监管力度，严格防范金融机构以及从业人员组织、参与非法集资，建立健全监测工作制度和问责制度，加强对资金异动的监测预警和分析报告。特别是资金异常的监管，这些异常主要表现在：（1）短期内资金分散转入后集中转出，交易金额、频率、流向、性质等存在异常的；（2）同一账户定期或不定期批量向其他账户转出资金，具有支付利息特征的；（3）平常资金流量小的账户突然有资金流入，短期内出现大量资金收付的；（4）法人、其他组织和个体工商户短期内频繁收取与其经营业务明显无关的汇款，或自然人账户短期内频繁收取法人、其他组织汇款的；（5）以个人名义开立小额账户，大量资金转入后短期内转到他人账户的；等等。

【参考依据】

《国务院关于进一步做好防范和处置非法集资工作的意见》（2015 年 10 月 19 日）

……

（四）省级人民政府是防范和处置非法集资的第一责任人。省级人民政府对本行政区域防范和处置非法集资工作负总责，要切实担负起第一责任人的责任。地方各级人民政府要有效落实属地管理职责，充分发挥资源统筹调动、靠近基层一线优势，做好本行政区域内风险排查、监测预警、案件查处、善后处置、宣传教育和维护稳定等工作，确保本行政区域防范和处置非法集资工作组织到位、体系完善、机制健全、保障有力。建立目标责任制，将防范和处置非法集资工作纳入领导班子和领导干部综合考核评价内容，明确责任，表彰奖励先进，对工作失职、渎职行为严肃追究责任。进一步规范约束地方各级领导干部参与民间经济金融活动。

（五）落实部门监督管理职责。各行业主管、监管部门要将防控本行业领域非法集资作为履行监督管理职责的重要内容，加强日常监管。按照监管与市场准入、行业管理挂钩原则，确保所有行业领域非法集资监管防范不留真空。对需要经过市场准入许可的行业领域，由准入监管部门负责本行业领域非法集资的防范、监测和预警工作；对无须市场准入许可，但有明确主管部门指导、规范和促进的行业领域，由主管部门牵头负责本行业领域非法集资的防范、监测和预警工作；对没有明确主管、监管部门的行业领域，由地方各级人民政府组织协调相关部门，充分利用现有市场监管手段，强化综合监管，防范非法集资风险。

……

第六条 国务院建立处置非法集资部际联席会议（以下简称联席会议）制度。联席会议由国务院银行保险监督管理机构牵头，有关部门参加，负责督促、指导有关部门和地方开展防范和处置非法集资工作，协调解决防范和处置非法集资工作中的重大问题。

【本条宗旨】

本条是关于设立处置非法集资部际联席会议及其工作职责的规定，通过明确法律地位及职责来保障其在督促、指导和协调非法集资中发挥的作用。

【内容解读】

本条包括两个方面的内容，一是明确了国务院作为处置非法集资部际联席会议设立机关，确立了处置非法集资部际联席会议的组成；二是明确了处置非法集资部际联席会议在处置非法集资中的主要职责。

国务院建立处置非法集资部际联席会议，由银保监会牵头，有关部门参加，负责督促、指导有关部门和地方开展防范和处置非法集资工作，协调解决重大问题。联席会议下设办公室，承担日常工作，负责具体落实联席会议的有关决定。联席会议办公室设联络员，由有关单位参加，参加单位的成员由有关司局负责人担任。根据处置非法集资部际联席会议制度的要求，其主要职责为：（1）在国务院的领导下，会同有关部门和省级人民政府，建立“疏堵并举、防治结合”的综合治理长效机制，切实有效地贯彻落实党中央、国务院处置非法集资的方针和政策。（2）研究处置非法集资的相关法律法规，提出起草、修改建议，为及时、准确、有效地预防、认定和处置非法集资提供保障。（3）制定处置非法集资的工作制度和工作程序，建立“反应灵敏、配合密切、应对有力”的工作机制、上下联动的宣传教育体系、齐抓共管的监测预警体系、准确有效的性质认定体系、稳妥有力的处置善后体系和及时灵敏的信息汇总报告体系。（4）组织有关部门对涉嫌非法集资案件进行性质认定，由有关部门依法作出认定结论。重大案件的认定意见按程序报批。（5）指导、配合省级人民政府建立处置非法集资组织协调机制，提示、督促省级人民政府和有关部门按照处置非法集资工作机制和工作程序要求，做好相关工作。（6）汇总各部门、省级人民政府报送的处置非法集资工作情况，并及时上报国务院。（7）国务院交办的其他工作。联席会议不定期召开，由召集人负责召集。根据工作需要，可以召集全体会议或部分成员单位会议。一是研究重要政策事项、工作机制、立法建议，以及重大非法集资案件时，召集全体会议。二是研究非法集资处置事项时，视具体情况召集有关部门成员参加会议。

联席会议议定的事项，以联席会议纪要形式印发有关方面，并抄报国务院；对议定的重大事项，按程序报批。

本条强调了非法集资部际联席会议的以下职责：

一是负责督促、指导有关部门和地方开展防范和处置非法集资工作。按照中央和部际联席会议的要求，通过监督来促进各地各部门防范和处置非法集资，指挥和引导开展防范和处置非法集资工作。同时，还需要做好涉及非法集资案件的政策咨询指导。例如，制定《全国非法集资监测预警体系建设规划（2020－2022年）》。联席会议将综治考评作为压实地方处置非法集资部门的责任、推动工作落实的有力抓手，科学化、精细化、差异化组织实施考评，有力督促各地建立健全省市县三级“处非”工作机制，推动纠正了一些跨省案件的不当处置，促进了宣传月、广告清理等活动有效开展。因此，将负责督促、指导有关部门和地方开展防范和处置非法集资工作作为部际联席会议职责之一。

二是协调、解决防范和处置非法集资工作中的重大问题。其中重大问题主要包括涉及跨区域、不同行业、法律政策、社会影响较大，需要部际联席会议协调的问题；需要部际联席会议解决的，主要是非法集资难以定性的，要及时上报联席会议组织认定的问题。例如，对省级人民政府上报案件进行初步审查。初审不符合有关要求的，应补充完善后重新上报。初审符合要求的，联席会议组织相关部门对案件进行认定，由有关部门依法作出认定结论，并及时将认定意见反馈省级人民政府。重大案件的认定意见按程序报批。对公安部专项立案侦查的案件，需要由联席会议组织性质认定的，按照省级人民政府上报案件性质认定程序进行。

【实务要点】

本条是对非法集资部际联席会议设立、组成和职责的规定，与征求意见稿相比，明确其指导、督促职权不限于成员单位和政府，包括其他开展非法集资的单位，其中也包括司法机关，其范围更为广泛。非法集资部际联席会议作为议事协调机制，由于本身缺乏考核、问责手段，致使推动工作难度较大。自 2011 年起，中央政法委将防范和处置非法集资工作纳入中央社会治安综合治理考评，由联席会议制定考评细则，对各省（区、市）防范和处置非法集资工作进行考评。联席会议负责制定、组织实施打击非法集资的宣传教育规划，对成员单位和地方人民政府开展此项工作进行督促和指导，并负责组织协调新闻单位开展全国范围内的宣传教育活动。对省级人民政府和行业主管部门、监管部门发现并通报的涉嫌非法集资的案件，联席会议应及时通报宣传主管部门。宣传主管部门要积极采取有效措施，正确引导社会舆论，防止虚假宣传误导社会公众。另外，应关注联席会议与政府在督促与指导上的不同。

厘清部际联席会议与金融稳定发展委员会的关系。经党中央、国务院批准，国务院金融稳定发展委员会于2017年11月成立。设立国务院金融稳定发展委员会是为了强化人民银行宏观审慎管理和系统性风险防范职责，强化金融监管部门监管职责，确保金融安全与稳定发展。其主要职责是：落实党中央、国务院关于金融工作的决策部署；审议金融业改革发展重大规划；统筹金融改革发展与监管，协调货币政策与金融监管相关事项，统筹协调金融监管重大事项，协调金融政策与相关财政政策、产业政策等；分析研判国际国内金融形势，做好国际金融风险应对，研究系统性金融风险防范处置和维护金融稳定重大政策；指导地方金融改革发展与监管，对金融管理部门和地方政府进行业务监督和履职问责等。由于金融稳定发展委员会办公室设在央行，而央行是国务院组成部门；部际联席会议由银保监会牵头并设立银保监会，而银保监会属于国务院直属事业单位，从两者的办公设置部门可以看出不同的地位和不同的职责。

【参考依据】

《国务院关于同意建立处置非法集资部际联席会议制度的批复》（2007年1月8日）

银监会：

你会《关于审定印发处置非法集资部际联席会议制度和工作机制的请示》（银监字〔2006〕183号）收悉。现批复如下：

同意建立由银监会牵头的处置非法集资部际联席会议制度。请按照国务院有关文件精神认真组织开展工作。

……

《国务院关于进一步做好防范和处置非法集资工作的意见》（2015年10月19日）

……

（六）完善组织协调机制。进一步完善中央和地方防范和处置非法集资工作机制。中央层面，充分发挥部际联席会议作用，银监会作为牵头单位要进一步强化部门联动，加强顶层推动，加大督促指导力度，增强工作合力。地方各级人民政府要建立健全防范和处置非法集资工作领导小组工作机制，由政府分管领导担任组长，明确专门机构和专职人员，落实职责分工，优化工作程序，强化制度约束，提升工作质效。

……

第七条　各级人民政府应当合理保障防范和处置非法集资工作相关经费，并列入本级预算。

【本条宗旨】

本条是关于防范和处置非法集资相关费用的规定，通过明确费用来源来保障防范和处置非法集资能够发挥作用。

【内容解读】

本条规定了各级人民政府包括乡镇人民政府均应合

理保障防范和处置非法集资工作的相关经费。相关经费不仅包括防范和处置非法集资的日常活动经费和宣传等费用，还包括防范和处置非法集资的利用现代信息技术的硬件设立和维护费用。这些费用列入本级政府预算。本级政府预算，是指经法定程序批准的一级政府的财政收支计划，由本级政府各部门（含直属单位）的预算组成，并包括下级政府向本级政府上缴的收入数额和本级政府对下级政府的返还或补助数额。

【实务要点】

这是《条例》与征求意见稿相比新增加的条款，源于《国务院关于进一步做好防范和处置非法集资工作的意见》的要求。政府预算作为公共财政预算，是指政府的基本财政收支计划。这既是各级人民政府的职责，也是防范和处置非法集资工作的经济保障，政府应当单列而不得挪用。

【参考依据】

《国务院关于进一步做好防范和处置非法集资工作的意见》（2015 年 10 月 19 日）

……

（二十二）加强基础支持工作。在当前非法集资高发多发形势下，要进一步做好防范和处置非法集资的人员、经费等保障工作。各级人民政府要合理保障防范和处置非法集资工作相关经费，并纳入同级政府预算。

第二章　防　　范

【本章概述】

本章是关于非法集资风险防范的职责主体、职责分工以及防范措施的规定。党的十九大报告指出了健全金融监管体系，强化属地风险处置责任，守住不发生系统性金融风险的底线，地方政府及其牵头部门是防范非法集资风险的重要组织力量。对于非法集资进行科学防范，力求做到早识别、早预警、早发现、早处置，完善非法集资防范机制，使非法集资“广告发不出、群众不参与、资金转不走、监管不缺位、风险不失控”。《条例》设立专章对非法集资风险防范作出规定，确立了牵头部门防范非法集资风险的防范职责，特别强调市场监督管理部门、国务院金融管理部门分支机构、派出机构以及金融机构、非银行支付机构等的防范职责，要求强化大数据等金融科技智能化手段和现代信息化措施对非法集资的监测和识别，积极推进非法集资风险的监测预警、风险识别，风险防范的网格化、规范化和制度化，旨在实现防范非法集资的体系化和防范能力的现代化。

本章共十一条（第八条至第十八条）。主要内容为非法集资防范的责任主体、职责分工、风险监测与识别、宣传教育、举报奖励、预警提示以及整改措施。主要包括地方人民政府、市场监督管理部门、行业主管部门、监管部门、行业协会、商会、金融机构、非银行支付机构、居民委员会、村民委员会以及媒体防范非法集资的职责，还包括建立监测预警体系、网格化管理机制、宣传教育规划、广告传播媒介等机制，通过建立健全非法集资风险防范机制和风险预警机制，形成地方主责、部门联动、公众参与、社会监督的防范非法集资工作格局，旨在防微杜渐、及早遏制非法集资的势头，切实保护人民群众的财产安全。

第八条 地方各级人民政府应当建立非法集资监测预警机制，纳入社会治安综合治理体系，发挥网格化管理和基层群众自治组织的作用，运用大数据等现代信息技术手段，加强对非法集资的监测预警。

行业主管部门、监管部门应当强化日常监督管理，负责本行业、领域非法集资的风险排查和监测预警。

联席会议应当建立健全全国非法集资监测预警体系，推动建设国家监测预警平台，促进地方、部门信息共享，加强非法集资风险研判，及时预警提示。

【本条宗旨】

本条是关于非法集资监测、排查、预警和研判机制的规定，旨在明确地方各级人民政府、行业主管部门、监管部门以及联席会议在防范非法集资中各自的工作职责。

【内容解读】

本条共有三款，分别规定了地方各级人民政府、行业主管部门、监管部门以及联席会议对非法集资监管、排查、研判和监测预警的工作职责，是对《国务院关于进一步做好防范和处置非法集资工作的意见》“落实责任，强化机制”内容和《条例》第四条的规定进一步落实和具体细化，构建了立体化、社会化、信息化的监测预警体系。

第一款是对地方各级人民政府防范非法集资职责的规定。地方各级人民政府是指省、自治区、直辖市、自治州、县、自治县、市、市辖区、乡、民族乡、镇的人民政府。根据《国务院关于进一步做好防范和处置非法集资工作的意见》规定，省级人民政府对本行政区域防范非法集资工作负总责，地方各级人民政府负有有效落实属地管理职责。本款要求地方各级人民政府履行相应的职责，主要做好以下四个方面的工作：

一是地方各级人民政府应当建立非法集资监测预警机制。根据处置非法集资部际联席会议印发的《全国非法集资监测预警体系建设规划（2020－2022年）》，非法集资监测预警体系主要包括中央和地方平台互联互通和线上线下紧密结合的监测预警的“天罗地网”体系。根据建设规划，地方各级人民政府在2021年底应当完成地方非法集资监测预警平台建设，并与国家平台全面有效对接。目前，有些省市已经建立了非法集资监测预警机制，例如，北京市《打击非法集资监测预警平台》、厦门市《金融风险防控预警平台》等。这些打击非法集资监测预警机制，突破了以往主要通过社会举报信息、网络舆情信息收集研判非法集资的模式，特别强调交易大数据，结合网络舆情大数据、社会举报信息等运用，实现了监测预警机制的现代化和智能化。尽管如此，仍然需要地方各级人民政府根据非法集资的新特点和新趋势，对监测预警平台进一步升级改造，提升监测预警的覆盖面和精准性。

二是为了对地方各级人民政府建立非法集资监测预警机制进行考核，将其纳入社会治安综合治理体系，并作为一项考评指标，通过考评促进其监测预警机制发挥作用。基于《条例》将非法集资部际联席会议作为议事协调机制，因其本身缺乏考核、问责手段，推动工作难度较大。自2011年起，在中央政法委的大力支持下，防范和处置非法集资工作纳入中央社会治安综合治理考评，由非法集资部际联席会议制定考评细则，对各省（区、市）的防范和处置非法集资工作进行考评。10 年来，非法集资部际联席会议将综治考评作为压实地方责任、推动工作落实的有力抓手，科学化、精细化、差异化组织实施考评，精心制定年度细则，客观公正组织评分，严格拉开考评等次，有力督促各地建立健全省、市、县三级处非工作机制，推动纠正了一些跨省案件的不当处置，促进了宣传月、广告清理等活动的扎实开展。同时也调动了各地探索创新的积极性、主动性，取得了良好效果。《条例》坚持将考评作为引领工作的“风向标”和“指挥棒”，优化完善考评机制，可以推动一些重点、难点及久拖不决的问题得到解决，促进各地各有关部门的工作再上新台阶，实现从根本上预防和治理非法集资，化解金融风险或者不安定因素，从而维护经济秩序和社会持续稳定。本内容在草案中仅仅规定了“纳入社会治安综合治理”，后增加“纳入社会治安综合治理体系”。

三是发挥网格化管理和基层群众自治的作用。这一内容是对《国务院关于进一步做好防范和处置非法集资工作的意见》规定的“各地区要建立立体化、社会化、信息化的监测预警体系，充分发挥网格化管理和基层群众自治的经验和优势，群防群治，贴近一线开展预警防范工作”的具体落实。网格化管理是根据属地管理、地理布局、现状管理等原则，将管辖地域划分成若干网格状的单元，并对每一网格实施动态、全方位管理，是一种数字化管理模式。网格化管理作为基层创新社会管理的一种方式，具体为：每个网格配备网格长、网格管理员、民情信息员、网格警员、网格监督员，把矛盾调处、公共服务等与百姓息息相关的事项融入网格，落到人头。其核心是以网格化管理为载体，以差异化职责为保障，以信息化平台为手段，促进条块融合，联动负责，形成社区（村）管理、服务和自治有效衔接，互为支撑的治理结构。非法集资需要利用网格化管理模式的优势，或者将非法集资防范纳入网格化管理范畴，同时也是为了及早发现非法集资。建立非法集资防范的网格化管理是为防范非法集资布下天罗地网的基础性工作。

基层自治组织主要包括居民委员会、村民委员会。尽管《条例》没有将居民委员会、村民委员会等基层组织作为法定的非法集资防范主体，也没有明确其相应职责，但不应将其排除在防范非法集资之外。因为基层自治组织最贴近群众，生活在群众之中，最了解基层的情况，在防范非法集资中能够发挥作用。防范非法集资应当充分调动村（居）委会工作人员的积极性和主动性，利用他们的基层经验与优势。例如，北京的“朝阳群众”和“海淀大妈”，充分发挥基层人员、社会志愿者等资源优势，建立非法集资风险隐患网格化信息报送机制。这里规定的“基层群众自治”优势，并非完全是基层自治组织的优势，对此的理解还需要结合《条例》第十四条的规定，充分发挥基层群众自治的优势。这里的基层组织不仅包括基层自治组织，还包括社区、物业服务企业等具有公共服务职能的组织。

四是运用大数据等现代化信息技术手段。基于《国务院关于进一步做好防范和处置非法集资工作的意见》提出的“创新工作方法，充分利用互联网、大数据等技术手段加强对非法集资的监测预警”的要求，防范非法集资需要充分利用大数据、云计算、区块链、人工智能、第五代移动通信网络等现代信息化技术防范非法集资。充分利用网络监测、大数据筛查、线下摸排等手段，加大非法集资风险的监测预警力度。目前，国内应用大数据监测预警非法集资风险已经有了探索和实践。例如，北京市的“大数据打击非法集资监测预警平台”。平台依托“冒烟指数”对存量企业进行实时在线扫描，对非法集资风险情况逐层分析，从地区、行业以及领域进行展示，再到机构的总体多维度立体化分析，最后是风险数据呈现，通过层层深入剖析风险，来推断公司企业从事非法集资的程度、风险程度的高低，以达到精准识别、及时预警和把控风险的目的。例如，深圳市的“海豚指数”，对辖内24万家新兴金融企业风险进行全方位实时监测。内蒙古、江西、重庆等省市也构建了大数据监测预警系统，同时还建设了风险企业协同处置系统，形成部门联动，台账上传下达，形成完整工作链。此外，部分省会城市，如沈阳、武汉、南宁、昆明等都结合本地防范非法集资活动特点构建了大数据监测预警系统。对于现代信息化技术运用不仅需要技术创新，还需要结合非法集资不同时期的特点和不同领域的特征适时调整监测风险的侧重点和指标指数，善于获取数据、分析数据、运用数据，打造符合非法集资特点的精准防范非法集资的现代金融科技的智能化体系。随着科技进步、互联网发展、大数据等现代信息化技术的发达，对社会举报信息、舆情大数据采集研判的非法集资监测预警系统已由原来“非法集资监测1.0”模式升级为“非法集资监测

2.0”模式，通过科技提高了监测的精准性。

第二款是对行业主管部门、监管部门防范非法集资职责的规定。对于行业主管部门、监管部门防范非法集资明确了三项职责：

一是将非法集资纳入日常监督管理。按照监管与市场准入、行业管理挂钩原则，确保所有行业领域非法集资防范不留真空和死角。对需要经过市场准入许可的行业领域，由准入监管部门负责本行业领域非法集资的防范、监测和预警工作，将非法集资防范作为日常工作的一部分，纳入日程。

二是对非法集资风险进行排查。所谓排查是指在一定范围内进行逐个、全面审查。其排查方式可以采取“互联网排查”“社会面清查”“行业排查”“资金异动排查”“广告排查”“群众举报和舆情排查”等。其具体办法为，如“社会面清查”可对在市场监管部门登记为“投资管理”“资产管理”“资本管理”“财富管理”等字样的民间投融资机构进行摸排，组织市场监督、金融、乡镇（街道）等单位，对商业楼宇、沿街店铺等商业聚集区域开展扫楼清街，重点关注无证照、无办公场所、无办公人员或与注册登记不符，注册地与经营地不一致，频繁变更注册地址和高管信息，短期内大量铺设分支机构的企业和机构。

三是对非法集资风险进行预警。所谓预警是指在非法集资风险事件发生之前，根据以往总结的非法集资规律或观测到的可能性前兆或者指标，向相关部门或者社会发出紧急信号，报告危险情况，以避免危害在不知情或准备不足的情况下发生，最大限度地减轻危害所造成的损失。根据非法集资的情况、特点和趋势，设计相应的监测指标，对涉嫌非法集资风险情况或非法集资活动进行跟踪监测，对异常行为进行预警。同时，还可以从公开的互联网信息中提取企业涉及非法集资的相关信息，如政务数据、平台标的、公司宣传、招聘信息、网络舆情等，通过对海量异构的数据，在计算系统上进行计算，经过数据清洗、集成、变换、规约等一系列预处理过程，最终将数据集合、统一转换成可供分析的结构化数据。通过对这些结构化数据的综合利用，以大数据和云计算为技术支撑，利用机器学习和神经网络技术，从海量数据中筛选出与非法集资风险高度相关的指标，构建非法集资风险预警模型。通过这些模型评估的分数，将金融机构运行中“看不见、摸不着”的风险，通过信息量化打标的方式，直观展示机构风险，辅助监管主体能够主动、实时分析机构的情况，实现事前预警。

第三款是对处置非法集资部际联席会议防范非法集资职责的规定。处置非法集资部际联席会议不仅负责处置非法集资活动的组织协调工作，同时还负责建立健全全国非法集资监测预警体系，并推动设立国家监测预警平台，以便与地方监测预警平台对接，落实《全国非法集资监测预警体系建设规划（2020－2022年）》关于非法集资监测预警体系的建设。处置非法集资部际联席会议由国家发展改革委、纪检监察委员会、公安部、财政部、住建部、农村农业部、商务部、人民银行、市场监督局、林业局、司法部、新闻办、银保监会、证监会等组成，并邀请中宣部、最高人民法院、最高人民检察院等部门和单位参加。根据《处置非法集资部际联席会议工作机制》的要求，省级人民政府和行业主管、监管部门负责对本地区、本行业非法集资的监测预警。要建立本地区、本行业处置非法集资监测预警制度和防范预警体系，指定相关机构和专门人员，通过建立健全群众举报、新闻监督、监管和查处等信息采集渠道，加强日常监管，把好一线关，尽早发现问题，及时作出处理。一旦发现非法集资苗头，行业主管、监管部门要及时通报有关省级人民政府和处置非法集资部际联席会议。省级人民政府要做好前期调查取证工作，对社会影响较大、性质恶劣的，应先行采取必要措施，防止事态进一步扩大。对监测预警中发现的跨地区非法集资案件，由处置非法集资部际联席会议负责协调确定主办地区。其他有关地区应在主办地区省级人民政府的组织协调下，负责本地区案件组织调查取证及相关处置工作。

防范非法集资应当将防范非法集资工作纳入网格化管理范畴，及早发现，及早处置，严格落实各部门监测预警责任，形成责任明确的监测预警机制；对出现风险苗头、风险扩散等情况进行预警，注重互联互通、共建共享，注重科技赋能、安全高效，大力拓展数据来源，充分运用大数据、人工智能等先进技术，搭建防范非法集资的现代信息技术平台，深化数据融合，打造形成“全国一张网”的非法集资风险预警机制。

【实务要点】

近年来，各地各部门依托现代信息化技术、网格化管理和基层群众自治力量，不断提升监测预警能力。国家非法集资监测预警平台已上线运行，绝大部分省份已采用技术手段开展大数据监测预警；线下群防群治深入推进，非法集资举报实施奖励制度，及时发现并处置了一批苗头性倾向性风险。对于防范非法集资的监测预警机制和体系的规定，《条例》将征求意见稿的联席会议成员进一步明确为“行业主管部门、监管部门”，强调了对本行业、领域非法集资风险的排查和监测预警职责，同时注重实践经验总结，将其纳入社会治安综合治理体系，利用地方创造的网格化管理和基层群众自治的优势来加强对非法集资的监测预警。基于此，行业主管部门、监管部门应当根据《全国非法集资监测预警体系建设规划（2020－2022年）》的要求，完善非法集资的防范体系，建立健全实时监测资金用途、资金流向、金额大小、时间长短、利率高低、参与人数及结构、收费情况、违约等情况的监测排查。到2022年底，需要基本建成“统分结合、智能驱动、高效协同”的全国非法集资监测预警体系。这种模式能够第一时间锁定涉嫌非法集资的账户信息、资金动向、异常行为，及时发现疑似非法集资线索，有利于降低监管成本，提升监管效率，打破信息壁垒和管理分割，形成立体化、网格化、信息化采集、管理机制。这种机制有利于从源头上打击包装隐蔽、名目繁多、手段翻新的非法集资行为。这是负有防范非法集资部门的职责，也是其需要完成的任务，更是其工作的考核指标。同时，还要积极总结经验，积极改进考评方式，优化完善考评机制，有效发挥激先敦后、奖优罚劣的激励约束作用，建构完善的考评机制体系。

本条尽管没有明确规定国家金融监管部门分支机构或者派出机构和地方金融管理部门是开展各自领域非法集资活动的风险排查、识别和预警的主要部门，但在本《条例》第十二条作了相应的要求。对政府及其部门而言，确保本行政区域防范非法集资工作组织到位、体系完善、机制健全、保障有力，建立防范非法集资目标责任制，将防范非法集资工作纳入党委行政领导班子和领导干部考核评价范围，加强对非法集资的监测预警，注重关口前移，加强对本行业、领域非法集资风险的排查和监测预警，实现打早打小的防范目标。对于行政区域内发生非法集资重大风险以及可能影响区域金融稳定或者社会秩序的，不仅要发挥联席会议的作用，还需要发挥国务院金融稳定发展委员会办公室地方协调机制和金融工作议事协调机制的作用。

【参考依据】

《中共中央关于全面深化改革若干重大问题的决定》（2013 年 11 月 12 日）

……

要改进社会治理方式，创新社会治理体制，以网格化管理、社会化服务为方向，健全基层综合服务管理平台。

……

《国务院关于进一步做好防范和处置非法集资工作的意见》（2015 年 10 月 19 日）

三、落实责任，强化机制

……

（四）省级人民政府是防范和处置非法集资的第一责任人。省级人民政府对本行政区域防范和处置非法集资工作负总责，要切实担负起第一责任人的责任。地方各级人民政府要有效落实属地管理职责，充分发挥资源统筹调动、靠近基层一线优势，做好本行政区域内风险排查、监测预警、案件查处、善后处置、宣传教育和维护稳定等工作，确保本行政区域防范和处置非法集资工作组织到位、体系完善、机制健全、保障有力。建立目标责任制，将防范和处置非法集资工作纳入领导班子和领导干部综合考核评价内容，明确责任，表彰奖励先进，对工作失职、渎职行为严肃追究责任。进一步规范约束地方各级领导干部参与民间经济金融活动。

（五）落实部门监督管理职责。各行业主管、监管部门要将防控本行业领域非法集资作为履行监督管理职责的重要内容，加强日常监管。按照监管与市场准入、行业管理挂钩原则，确保所有行业领域非法集资监管防范不留真空。对需要经过市场准入许可的行业领域，由准入监管部门负责本行业领域非法集资的防范、监测和预警工作；对无需市场准入许可，但有明确主管部门指导、规范和促进的行业领域，由主管部门牵头负责本行业领域非法集资的防范、监测和预警工作；对没有明确主管、监管部门的行业领域，由地方各级人民政府组织协调相关部门，充分利用现有市场监管手段，强化综合监管，防范非法集资风险。

（六）完善组织协调机制。进一步完善中央和地方防范和处置非法集资工作机制。中央层面，充分发挥部际联席会议作用，银监会作为牵头单位要进一步强化部门联动，加强顶层推动，加大督促指导力度，增强工作合力。地方各级人民政府要建立健全防范和处置非法集资工作领导小组工作机制，由政府分管领导担任组长，明确专门机构和专职人员，落实职责分工，优化工作程序，强化制度约束，提升工作质效。

……

《中国银监会办公厅关于进一步做好防范和处置非法集资工作的通知》（2015年12月30日）

……

资金流向监测是发现并防范非法集资的关键，非法集资大部分通过银行转账，银行是发现非法集资的前哨，必须站好岗、把好关。要充分利用各种技术手段，加强对涉嫌非法集资可疑资金的实时监测预警，及早发现并报告非法集资资金动向，在严格执行大额可疑资金报告制度基础上，对各类账户交易中具有分散转入集中转出、定期批量小额转出等资金异动进行监测分析，将涉嫌非法集资线索及时提供给地方各级打击和处置非法集资工作领导小组办公室。要建立健全监测预警非法集资工作机制，制定工作制度和操作规程，明确线索搜集、记录分析、识别判断、报告移送等各项工作程序。要实行领导责任制，明确具体责任部门和人员，加大对下属分支机构执行情况的监督检查力度。

……

《中国保监会关于进一步做好保险业防范和处置非法集资工作的通知》（2015 年 12 月 29 日）

……

四、各保险机构要加强非法集资风险监测预警。要建立包括资金监测、舆情监测、投诉监测、人员往来监测在内的系统性风险监测预警机制；要创新风险监测预警方法，主动运用互联网、大数据等信息科技手段加强非法集资风险识别预警。

……

第九条 市场监督管理部门应当加强企业、个体工商户名称和经营范围等商事登记管理。除法律、行政法规和国家另有规定外，企业、个体工商户名称和经营范围中不得包含“金融”、“交易所”、“交易中心”、“理财”、“财富管理”、“股权众筹”等字样或者内容。

县级以上地方人民政府处置非法集资牵头部门、市场监督管理部门等有关部门应当建立会商机制，发现企业、个体工商户名称或者经营范围中包含前款规定以外的其他与集资有关的字样或者内容的，及时予以重点关注。

【本条宗旨】

本条是关于市场监督管理部门以及有关部门对有关企业、个体工商户名称或者经营范围中包含与集资有关的字样或者内容的处理程序，明确了市场监督管理部门与处置非法集资牵头部门间的会商机制，旨在加强企业、个体工商户名称或者经营范围等信息防范上的管理。

【内容解读】

本条共有两款，主要涉及市场监督管理部门在市场主体登记管理工作中有关企业名称或者经营范围中包含与集资有关的字样或者内容的处理程序。

第一款是对市场监督管理部门在市场主体登记管理

工作中有关企业名称或者经营范围等商事登记管理的要求。除法律、行政法规和国家另有规定外，市场监督管理部门应加强企业、个体工商户名称字样的监管，堵住注册登记的关卡。对于涉及金融机构或者金融从业机构（金融组织）应当经过金融监管部门批准，实行“先证后照”，未经批准不得使用金融机构的名称和带有金融机构的字样，未经有关金融管理部门批准或者备案，任何单位和个人不得在名称和经营范围中使用“金融”“小额贷款”“融资担保”“股权交易”“典当”“融资租赁”“商业保理”“资产管理”“交易所（中心）”“金融控股”“金融集团”“理财”“财富管理”“股权众筹”等带有投资或金融的字样。在工商登记的名称和经营范围使用上述字样、名称或者包含其内容的应当不予登记。对于企业、个体工商户名称或者经营范围中擅自包含与集资有关的字样或者内容进行检查；对于在经营过程中擅自变更名称的，或者超越核准的经营范围擅自从事涉及金融类、融资类经营行为的，或者是门头广告、LED 屏显示广告、店堂广告、印刷品广告、经管人员名片、合同等有非法集资内容和超越经营范围从事非法集资活动的，需要在监管中予以排查。2019 年联席会议办公室向各省

（区、市）处非领导小组办公室印发《关于开展非法集资风险排查整治活动的通知》，要求重点关注具备如下特征的排查对象：宣传中含有或涉及“消费返利”“金融互助”“虚拟货币”“养老扶贫”“军民融合”等内容，以及承诺高收益、高回报，明示或暗示保本、有担保、无风险等内容。

第二款规定了处置非法集资牵头部门、市场监督管理部门建立会商机制。市场监督管理部门认为存在此种情形或者对于第一款以外的其他与集资有关字样或内容的，应当及时与处置非法集资牵头部门会商。非法集资牵头部门需要综合考虑非法集资涉众规模、风险敞口、舆论热度、涉稳隐患等因素，建立重点风险实时跟踪监测。由市场监督管理部门认定涉嫌非法集资的，应将涉嫌非法集资的行为通报处置非法集资牵头部门，由处置非法集资牵头部门及时处理。对于通报的非法集资公司企业，应当纳入重点关注名单。对涉嫌非法集资有重大嫌疑尚未达到公开通报或者认定标准的，可以列入重点关注名单。

【实务要点】

金融是特许行业，一般工商企业一律不得从事或者变相从事金融业务，不能“无照驾驶”。市场监管部门对开展募集资金业务的一般工商企业加强名称、经营范围和股东的登记管理，从源头上治理非法集资。这种监管排查需要综合运用监管手段，特别需要加大对投资类经营主体非法集资的风险排查。实践中，不仅对名称或经营范围中含有但不限于“投资、资产、资本、控股、股权投资（基金）、财富（财务）管理、投资（财务、财税、融资、金融、金融服务、理财、贷款）咨询、融资租赁、非融资性担保、互联网金融”等字样或类似字样市场主体的综合监管，还需要重点关注企业股东背景、信用状况、经营团队、运作方式、风险防控措施等。不仅注重对注册登记企业的监管排查，更为重要的是对已经注册登记的企业、个体工商户经营以及产品名称的变更等也应当监管排查。对已经设立的投资类公司或者个体工商户，不符合要求的限期变更登记并对经营范围重新核定；对投融资中介不属于金融机构或准金融机构的进行公告提示；对擅自改变登记事项或超范围经营而未到企业登记机关办理登记（备案）的，责令整改，逾期不改的，依法处理。加强投融资类企业的注册登记审核，按程序办理营业执照；对已被相关部门查处的非法集资企业依法吊销营业执照，并将涉案企业列入经管异常名录，实施联合惩戒等信用约束。

上述要求不仅是字样和内容的形式审查，更为重要的是需要进行实质性审查，应当是实质重于形式，主要针对容易造成公众误解和产生非法金融风险的字样。例如，宣传预期收益、数字交易中心、数字理财、数字财富管理等内容。这在一定程度上增加了市场监管管理部门的审查难度。另外，本条对于纳入重点关注名单是第一款规定字样或者内容以外的，在采取措施上采用了不同的方法，但没有明确是否进行监测。实质上关注本身也包括对其进行秘密跟踪调查，密切注意其经营情况的变化，监测是关注的重要手段和措施。

【参考依据】

《国务院办公厅关于印发互联网金融风险专项整治工作实施方案的通知》（2016 年 4 月 12 日）

……

非金融机构、不从事金融活动的企业，在注册名称和经营范围中原则上不得使用“交易所”、“交易中心”、“金融”、“资产管理”、“理财”、“基金”、“基金管理”、

“投资管理”、“财富管理”、“股权投资基金”、“网贷”、“网络借贷”、“P2P”、“股权众筹”、“互联网保险”、“支付”等字样。凡在名称和经营范围中选择使用上述字样的企业（包括存量企业），工商部门将注册信息及时告知金融管理部门，金融管理部门、工商部门予以持续关注，并列入重点监管对象，加强协调沟通，及时发现识别企业擅自从事金融活动的风险，视情采取整治措施。

……

《金融控股公司监督管理试行办法》（2020年9月11日）

第十三条　设立金融控股公司，应当经中国人民银行批准，依照金融机构管理。

……

中国人民银行批准后，应当颁发金融控股公司许可证，并由金融控股公司凭该许可证向市场监督管理部门办理登记，领取营业执照。未经中国人民银行批准，不得注册登记为金融控股公司。

金融控股公司名称应包含“金融控股”字样，未取得金融控股公司许可证的，不得从事本办法第六条所规定的金融控股公司业务，不得在名称中使用“金融控股”、“金融集团”等字样。

第十条 处置非法集资牵头部门会同互联网信息内容管理部门、电信主管部门加强对涉嫌非法集资的互联网信息和网站、移动应用程序等互联网应用的监测。经处置非法集资牵头部门组织认定为用于非法集资的，互联网信息内容管理部门、电信主管部门应当及时依法作出处理。

互联网信息服务提供者应当加强对用户发布信息的管理，不得制作、复制、发布、传播涉嫌非法集资的信息。发现涉嫌非法集资的信息，应当保存有关记录，并向处置非法集资牵头部门报告。

【本条宗旨】

本条是针对通过互联网监测非法集资的规定，通过明确处置非法集资牵头部门、互联网信息内容管理部门、电信主管部门以及互联网信息服务提供者的职责，促进互联网防范非法集资作用的发挥。

【内容解读】

本条共有两款，分别规定了处置非法集资牵头部门、互联网信息内容管理部门、电信主管部门以及互联网信息服务提供者运用互联网防范非法集资的职责与工作机制。

第一款规定了处置非法集资牵头部门与互联网管理部门防范非法集资的职责与工作机制。处置非法集资牵头部门会同互联网信息内容管理部门、电信主管部门加强对涉嫌非法集资的互联网信息和网站、移动应用程序等互联网应用的监测。本条针对互联网应用监测作出了特别强调。

一是加强对涉嫌非法集资的互联网信息的监测。这种非法集资的监测与第八条规定的建立非法集资监测预警机制属于一般常规性监测与互联网特殊手段监测的关系。在第八条规定的地方各级人民政府建立非法集资监测预警机制的基础上，对涉嫌非法集资的互联网信息监测手段的运用作出专门的规定，特别突出“加强”来体现对通过互联网监测获取信息作为防范非法集资的重要性，强化线上监测。

二是规定了监测涉嫌非法集资对象即互联网信息和网站、移动应用程序等互联网信息。处置非法集资牵头部门会同互联网信息内容管理部门、电信主管部门监测和排查以及其他信息来源涉嫌非法集资的互联网信息，需要及时组织识别和认定。互联网管理部门对处置非法集资牵头部门通知的涉嫌非法集资互联网信息应当依法采取相应措施。这些措施包括要求网络运营者停止传输，采取消除等处置措施，保存有关记录；对来源于中华人民共和国境外的上述信息，应当通知有关机构采取技术措施和其他必要措施阻断信息传播和扩散。本条没有明确处置非法集资牵头部门对互联网非法集资信息的处置，是因为处置这些信息的管理部门是互联网管理部门或者电信主管部门。

互联网信息内容管理部门在防范非法集资中的职责。根据《互联网信息内容管理行政执法程序规定》，互联网信息内容管理部门是指互联网信息内容管理部门即国家互联网信息办公室和地方互联网信息办公室。根据《网络安全法》等相关规定，互联网管理部门负责全国和地方互联网信息内容管理工作，并负责监督管理执法；依法在管辖范围内对互联网信息内容问题进行调查取证、听证约谈和处罚、执行。其基本职责为：

一是互联网信息内容管理部门应当按照职责分工，不仅需要加强自身对互联网信息传播的监督管理，完善监测措施，而且还应当统筹协调有关部门加强非法集资网络信息收集、分析和通报工作，对于有关部门或者个人移送或者举报的涉嫌非法集资网络信息内容应当及时甄别，如新闻、出版、教育、卫生、药品监督管理、市场监督管理和公安、国家安全等有关主管部门在履行各自职责范围内依法对互联网信息内容实施监督管理发现的信息，按照规定发布非法集资监测预警信息，并作出相应处理。

二是对非法集资的信息，互联网信息内容管理部门应当责令互联网信息服务提供者立即停止传输该信息，并采取取消等措施，或者依法采取暂停相关业务、关闭网站等处置措施。由于互联网管理部门作为网络信息的监管部门不同于处置非法集资的职能部门，所以对于互联网信息服务提供者有权采用了“责令”的命令方式，要求其采取有效防范措施。

第二款规定互联网信息服务提供者在防范非法集资中的职责。互联网信息服务提供者包括互联网信息接入服务提供者、传输服务提供者、信息缓存服务提供者、信息存储服务提供者和信息定位（搜索、链接）服务提供者，以及内容服务提供者。根据《网络安全法》的规定，互联网管理部门应当依法履行网络信息安全监督管理职责，自己不得制作、复制、发布、传播涉嫌非法集资的信息，如果发现法律、行政法规禁止发布或者传输的信息涉嫌非法集资的，应当保存有关记录，并向处置非法集资牵头部门报告。在防范非法集资上，互联网信息服务提供者应当履行以下职责：

一是互联网信息服务提供者强化自律责任。自律属于自我约束，其责任属于承担《自律公约》约定道德、信用以及安全的责任。行业自律是为了规范行业行为，协调同行利益关系，维护行业间的公平竞争和正当利益，避免行业间的不正当竞争以及损害他们的利益。每个行业均应遵守底线，制定相应的《自律公约》，以便促进行业发展。互联网信息服务提供者应当履行《互联网站信息服务自律公约》约定的义务。

二是互联网信息服务提供者对涉嫌非法集资的资讯信息不传播并主动封堵。对此应当履行两方面的义务：（1）不传播涉嫌非法集资的资讯信息。根据《网络安全法》的规定，网络运营者应当加强对其用户发布的信息的管理，发现法律、行政法规禁止发布或者传输的信息的，应当立即停止传输该信息，采取消除等处置措施，防止信息扩散，保存有关记录，并向有关主管部门报告。（2）主动封堵涉嫌非法集资的资讯信息。互联网信息服务提供者承担对传播信息的审查责任，发现其业务平台上存在涉嫌非法集资的资讯信息应当及时阻断。其阻断不仅包括阻断资讯信息传播、避免蔓延扩散，还包括及时删除资讯信息、消除影响。另外，还需要将涉嫌非法集资的资讯信息予以固定，保存记录并报告主管部门，协助处置非法集资牵头部门防范非法集资。

本条特别强调互联网信息服务提供者的防范非法集资的义务，互联网信息服务提供者应当依据要求及时采取措施，同时保证采取措施的有效性。

【实务要点】

随着网络技术的发达与网络运用的普及，非法集资“网来网去”线上特征日趋明显。网上的非法集资由于不受时间和空间的限制，其风险蔓延快、波及面广、涉众性强，大案要案高发频发，严重影响经济金融秩序和社会大局稳定。目前，存在打着“金融创新”旗号以“消费返利”“资金互助”“加盟积分”“虚拟资产”“牲畜托管”“托管解债”等名义，没有可持续盈利模式的非法集资行为；假借“一带一路”“共享经济”“慈善”等名义，蓄意歪曲国家政策的非法集资行为；以老年人、残疾人员、贫困人群等为主要目标群体的非法集资行为；以互联网借贷、股权众筹、第三方支付、资产跨界、互联网保险、互联网金融广告等名义开展业务存在风险隐患的非法集资行为；以“商品现货”“原油”“钯金”“白银”“邮币卡”“文化”“艺术品”“产权”“股权”“票据”等名义的交易，分散式柜台交易或集中竞价交易的非法集资行为，以及采用网络直播的方式进行非法集资的宣传。针对上述互联网非法集资，需要加强网上非法集资信息巡查监控，及时监测、依法联动处置网上非法集资活动和主体，清理非法集资网站和网上的非法集资信息，净化互联网的网络空间。

对于本条还需要注意的是，一是处置非法集资牵头部门对涉嫌非法集资信息内容作出认定后，可以采用书面方式或者电话通信以及口头方式通知互联网信息内容管理部门或者电信主管部门。一般而言，处置非法集资牵头部门因情况紧急可以采用电话通信或者电传的方式，采用口头或者电话等方式的，随后应当采用现代电讯通知或者寄送正式的书面通知，以便分清责任。互联网信息内容管理部门“及时依法”作出处理，而非“依法及时”作出处理，应当及时迅速依法处置，充分体现效率原则。可以要求网络运营者停止传输，采取消除等处置措施，可“责令”消除影响。责令一般可分为三种类型，即命令型、处罚型和执行型。其中，命令型又包括责令整改型、责令停止违法行为型。这里的责令是指责令停止违法行为，旨在消除影响。

二是处置非法集资牵头部门、互联网信息内容管理部门、电信主管部门与互联网信息服务提供者的分工。当互联网信息内容管理部门、电信主管部门要求互联网信息服务提供者立即停止传输涉嫌非法集资信息时，互联网信息服务提供者不能因与客户之间存在协议或者对此信息有异议而不予执行，或者不采取取消等措施。否则，对于涉及错误的责令，互联网信息内容管理部门、电信主管部门应当承担责任；对于给客户造成的损失，也应当由互联网信息内容管理部门或者电信主管部门负责赔偿。

另外，如果互联网信息服务提供者明知他人利用信息网络实施违法犯罪，为其提供互联网接入、服务器托管、网络存储、通讯传输技术支持的，予以行政处罚；情节严重的，构成帮助信息网络犯罪活动罪。

【参考依据】

《网络安全法》（2016 年 11 月 7 日）

第五十一条　国家建立网络安全监测预警和信息通报制度。国家网信部门应当统筹协调有关部门加强网络安全信息收集、分析和通报工作，按照规定统一发布网络安全监测预警信息。

第五十二条　负责关键信息基础设施安全保护工作的部门，应当建立健全本行业、本领域的网络安全监测预警和信息通报制度，并按照规定报送网络安全监测预警信息。

《互联网信息服务管理办法》（2011 年 1 月 8 日）

第十五条　互联网信息服务提供者不得制作、复制、发布、传播含有下列内容的信息：

（一）反对宪法所确定的基本原则的；

（二）危害国家安全，泄露国家秘密，颠覆国家政权，破坏国家统一的；

（三）损害国家荣誉和利益的；

（四）煽动民族仇恨、民族歧视，破坏民族团结的；

（五）破坏国家宗教政策，宣扬邪教和封建迷信的；

（六）散布谣言，扰乱社会秩序，破坏社会稳定的；

（七）散布淫秽、色情、赌博、暴力、凶杀、恐怖或者教唆犯罪的；

（八）侮辱或者诽谤他人，侵害他人合法权益的；

（九）含有法律、行政法规禁止的其他内容的。

第十六条 互联网信息服务提供者发现其网站传输的信息明显属于本办法第十五条所列内容之一的，应当立即停止传输，保存有关记录，并向国家有关机关报告。

《互联网群组信息服务管理规定》（2017年9月7日）

第十条 互联网群组信息服务提供者和使用者不得利用互联网群组传播法律法规和国家有关规定禁止的信息内容。

第十一条 互联网群组信息服务提供者应当对违反法律法规和国家有关规定的互联网群组，依法依约采取警示整改、暂停发布、关闭群组等处置措施，保存有关记录，并向有关主管部门报告。

互联网群组信息服务提供者应当对违反法律法规和国家有关规定的群组建立者、管理者等使用者，依法依约采取降低信用等级、暂停管理权限、取消建群资格等管理措施，保存有关记录，并向有关主管部门报告。

互联网群组信息服务提供者应当建立黑名单管理制度，对违法违约情节严重的群组及建立者、管理者和成员纳入黑名单，限制群组服务功能，保存有关记录，并向有关主管部门报告。

第十三条 互联网群组信息服务提供者应当配合有关主管部门依法进行的监督检查，并提供必要的技术支持和协助。

互联网群组信息服务提供者应当按规定留存网络日志不少于六个月。

《网络音视频信息服务管理规定》（2019 年 11 月 18 日）

第十二条 网络音视频信息服务提供者应当加强对网络音视频信息服务使用者发布的音视频信息的管理，部署应用违法违规音视频以及非真实音视频鉴别技术，发现音视频信息服务使用者制作、发布、传播法律法规禁止的信息内容的，应当依法依约停止传输该信息，采取消除等处置措施，防止信息扩散，保存有关记录，并向网信、文化和旅游、广播电视等部门报告。

网络音视频信息服务提供者发现不符合本规定第十一条第一款要求的信息内容的，应当立即停止传输该信息，以显著方式标识后方可继续传输该信息。

《中国互联网行业自律公约》（2001 年 12 月 3 日）

第九条 互联网信息服务者应自觉遵守国家有关互联网信息服务管理的规定，自觉履行互联网信息服务的自律义务：

（一）不制作、发布或传播危害国家安全、危害社会稳定、违反法律法规以及迷信、淫秽等有害信息，依法对用户在本网站上发布的信息进行监督，及时清除有害信息；

（二）不链接含有有害信息的网站，确保网络信息内容的合法、健康；

（三）制作、发布或传播网络信息，要遵守有关保护知识产权的法律、法规；

（四）引导广大用户文明使用网络，增强网络道德意识，自觉抵制有害信息的传播。

第十一条　除国家另有规定外，任何单位和个人不得发布包含集资内容的广告或者以其他方式向社会公众进行集资宣传。

市场监督管理部门会同处置非法集资牵头部门加强对涉嫌非法集资广告的监测。经处置非法集资牵头部门组织认定为非法集资的，市场监督管理部门应当及时依法查处相关非法集资广告。

广告经营者、广告发布者应当依照法律、行政法规查验相关证明文件，核对广告内容。对没有相关证明文件且包含集资内容的广告，广告经营者不得提供设计、制作、代理服务，广告发布者不得发布。

【本条宗旨】

本条是有关涉及集资内容广告和集资宣传的规定，旨在通过规范集资类广告和宣传活动来防范非法集资。

【内容解读】

本条共有三款。对市场监督管理部门、处置非法集资牵头部门以及广告经营者、广告发布者对涉及集资内容广告服务核对的规定。

第一款采用禁止性规定，旗帜鲜明地表明政府对不符合国家规定涉及集资内容的广告或者以其他方式对公众进行集资宣传的否定。其内容包括两个方面：一方面是对集资内容的广告或者以其他方式对公众进行集资宣传的禁止性规定。此方面又包括两个方面的内容：（1）禁止任何单位和个人发布包含集资内容的广告。主要是指报纸刊物、广播电视、传单、手机短信、户外广告、野广告、印刷品等各类媒介载体进行集资广告，特别是各类网站、微博、微信、直播、抖音、手机 APP 等互联网网络媒体。（2）禁止以其他方式对公众进行集资宣传。主要是在各类有关非法集资的灌输、鼓动、教育、劝说、诱导公众投资的场所进行的宣传活动。例如，讲座、培训班、研讨班、会议、视频直播等。

另一方面是例外规定，即国家另有规定的除外。国家另有规定一般是法律法规的规定，也包括根据法律法规的精神制定的规章以及规范性文件。对于法律法规允许的金融广告或者集资内容的广告，不得限制。但是，对于国家规定允许发布的广告，其内容也应当符合国家的要求。例如，招商等有投资回报预期的商品或者服务广告，应当对可能存在的风险以及风险责任承担有合理提示或者警示，并不得含有对未来效果、收益或者与其相关的情况作出保证性承诺，明示或者暗示保本、无风险或者保收益等内容；利用明星代理、学术机构、行业协会、专业人士、受益者的名义或者形象进行推荐、证明集资内容等。

第二款规定了市场监管部门对集资广告的监督管理职责，这是对《广告法》第四十九条规定的“市场监督管理部门应当建立健全广告监测制度，完善监测措施，及时发现和依法查处违法广告行为”在防范非法集资中的落实。具体内容为：

一是加强广告监督管理，会同处置非法集资牵头部门的监测措施。例如，北京市“大数据打击非法集资监测预警平台”赋予了重点监测预警企业违法违规广告发布的功能。基于大数据采集、处理以及数据挖掘算法等技术，可实现采集公司在互联网媒介上的广告宣传信息，依据金融监管政策法规提取出涉嫌非法集资内容的广告，并分析出重点公司和媒介平台，最终形成非法集资内容的广告数据，为有关部门辅助监管提供手段。又例如，中国互联网金融协会对在互联网媒介上的金融广告监测。

二是对发现的包含集资内容的广告应当及时利用会同机制与处置非法集资牵头部门联系。经处置非法集资牵头部门组织认定为非法集资的，市场监管部门应当责令停止发布，并及时依法进行查处，其查处包括对涉嫌从事集资的违法广告活动的场所实施现场检查；询问涉嫌集资违法当事人或者其法定代表人、主要负责人和其他有关人员，对有关单位或者个人进行调查；要求涉嫌集资违法当事人限期提供有关证明文件；查阅、复制与涉嫌集资违法广告有关的合同、票据、账簿、广告作品和其他有关资料；查封、扣押与涉嫌集资违法广告直接相关的广告物品、经营工具、设备等财物；责令暂停发布可能造成严重后果的集资涉嫌违法广告。市场监管部门依法行使查处涉嫌非法集资广告和宣传时，涉案单位及其人员应当协助、配合，不得阻拦或者消极对待。确认是集资类广告和宣传违反法律法规的，应当责令停止发布，并将违法广告计入信用档案，依照有关规定进行公示。

第三款规定广告经营者和广告发布者有核实广告主广告内容的权利和不得发布违法广告的义务，规定了广告经营者、发布者对涉嫌非法集资广告的义务。这是对广告主、广告经营者和广告发布者从事广告活动的基本要求。广告主、广告经营者和广告发布者均应履行这项法定的义务。其主要义务为：

一是广告经营者和广告发布者有权核实广告的内容。这为广告内容的真实、合法提供一道屏障，减少违法集资内容广告情形的发生。这项权利包括下述内容：(1) 广告经营者和广告发布者对广告进行审核必须依据包括广告法在内的法律、行政法规（包括《广告管理条例》）查验有关证明文件。(2) 发现没有相关证明文件的广告内容包含集资内容的有权要求委托人对其广告进行修订，同时，也有权向有关机关进行举报。

二是广告经营者和广告发布者的义务。对于内容不实或者证明文件不全的广告，广告经营者不得提供设计、制作和代理服务；广告发布者不得发布。这是广告经营者和广告发布者必须履行的义务，必须依照国家法律的规定来办理，否则，就是违法行为，要承担相应的法律责任。

【实务要点】

目前，通过广告和互联网传播非法集资信息，是非法集资风险扩散、蔓延的重要渠道，对广告发布规则、相关部门职责等规定了针对性的措施。市场监管部门对排查中发现不符合国家规定的集资广告宣传等，要在处置非法集资牵头部门作出立案后再处罚。但应积极采取措施，及时责令停止发布；对于线下场所内的讲座等，应当及时制止。对于责令停止发布后，查处中认为不属于非法广告的，应当及时解除并告知。排查要重点针对商场、超市、城镇市场、农村集市、大型居民区、公园、机场、车站、公共交通工具、电梯间等人员密集或流动性较大的区域，以及民间投融资、第三方支付、众筹、私募股权、电子商务、批发和零售、房地产、地方交易场所、涉农、养老、教育、医疗、旅游等重点领域主体发布的融资类广告资讯信息，加强对互联网网络媒体，如各类网站、微博、微信、手机 APP 等各类涉及投资理财、贷款抵押、消费返利、理财销售、资金互助、网络借贷、虚拟资产、加盟积分、养老投资等宣传高收益、高回报，明显或暗示保本、无风险等广告内容进行检查。

除市场监督管理部门外，新闻出版、广电、电信主管等部门也在其负责的广播、电影、电视、报纸、期刊、移动通信网络、互联网等大众传播媒介范围内对广告活动进行监督管理。市场监管部门毕竟不是非法集资的法定认定机关，但对违反广告法规定的，应当由市场监管部门依法调查处理。

另外，公共场所的管理者或者电信业务经营者、互联网信息服务提供者对其明知或者应知的利用其场所或者信息传输、发布平台发送、发布非法集资内容广告的，也应当及时予以制止。

【参考依据】

《广告法》（2018 年 10 月 26 日）

第六条　国务院市场监督管理部门主管全国的广告监督管理工作，国务院有关部门在各自的职责范围内负责广告管理相关工作。

县级以上地方市场监督管理部门主管本行政区域的广告监督管理工作，县级以上地方人民政府有关部门在各自的职责范围内负责广告管理相关工作。

第二十五条　招商等有投资回报预期的商品或者服

务广告，应当对可能存在的风险以及风险责任承担有合理提示或者警示，并不得含有下列内容：

（一）对未来效果、收益或者与其相关的情况作出保证性承诺，明示或者暗示保本、无风险或者保收益等，国家另有规定的除外；

（二）利用学术机构、行业协会、专业人士、受益者的名义或者形象作推荐、证明。

第三十四条第二款 广告经营者、广告发布者依据法律、行政法规查验有关证明文件，核对广告内容。对内容不符或者证明文件不全的广告，广告经营者不得提供设计、制作、代理服务，广告发布者不得发布。

第四十九条第二款 市场监督管理部门应当建立健全广告监测制度，完善监测措施，及时发现和依法查处违法广告行为。

第六十七条 有本法规定的违法行为的，由市场监督管理部门记入信用档案，并依照有关法律、行政法规规定予以公示。

第十二条　处置非法集资牵头部门与所在地国务院金融管理部门分支机构、派出机构应当建立非法集资可疑资金监测机制。国务院金融管理部门及其分支机构、派出机构应当按照职责分工督促、指导金融机构、非银行支付机构加强对资金异常流动情况及其他涉嫌非法集资可疑资金的监测工作。

【本条宗旨】

本条是关于可疑资金及其异常流动监测机制的规定，旨在通过监测机制发挥国务院金融管理部门分支机构、派出机构与处置非法集资牵头部门的作用以及指导、督促金融机构、非银行支付机构切实履行防范非法集资的职责。

【内容解读】

本条规定了处置非法集资牵头部门与国务院金融管理部门分支机构、派出机构资金异常流动监测机制的职责，主要包括两个层次的内容：

一是处置非法集资牵头部门与所在地国务院金融管理部门分支机构、派出机构应当建立非法集资可疑资金监测机制，强调处置非法集资牵头部门建立非法集资可疑资金监测机制的主体责任。这种机制可以基于非法集资的特征进行资金流动异常行为辨识，建立资金流动异常行为监测准则的评价指标，建立非法集资可疑资金监测模型，根据监测结果进行可疑资金是否属于流动异常行为的监测与分析，判断是否为非法集资资金。

二是国务院金融管理部门分支机构、派出机构督促、指导金融机构、非银行支付机构加强对资金异常流动情况及其他涉嫌非法集资可疑资金的监测工作。一方面，国务院金融管理部门分支机构、派出机构按照其与处置非法集资牵头部门建立的监测机制中所负责任及其对金融机构、非银行支付机构的监管职责，指导和督促金融机构、非银行支付机构加强对资金异常流动情况的监测，查看其资金异常流动制度机制是否完善，有无专人负责，报告是否及时全面，是否严格按照规定要求报送。

另一方面，国务院金融管理部门分支机构、派出机构指导和督促其对涉嫌非法集资可疑资金的监测工作。

查看其是否实施监测、监测是否到位以及监测的有效性。国务院金融监管部门根据职权分工，积极督促、指导金融机构、非银行支付机构开展上述工作，定期进行检查，确保工作落实到位，必要时，还应组成联合督导组，对监测活动开展情况进行督导检查。

【实务要点】

第三方支付机构是指非金融的机构取得人民银行颁发的《支付业务许可证》后，可以从事相关支付业务。它属于新兴的非金融机构介入到支付服务体系，运用电子化手段为市场交易者提供前台支付或后台操作服务，从而被称作“第三方支付机构”。第三方支付机构可归类为非银行支付机构。根据国家统一部署，地方金融监管部门负责典当行、融资租赁公司、商业保理公司、地方资产管理公司、区域性股权市场、融资担保机构、小额贷款公司等七类机构的监管，并逐步强化对投资公司、开展信用互助的农民专业合作社、社会众筹机构、地方各类交易场所等四类机构的监管。以上组织应当按照省级地方监管部门的要求，按照本条规定的有关内容执行。

本条要求处置非法集资牵头部门与所在地国务院金

融管理部门分支机构、派出机构建立非法集资可疑资金监测机制。而金融机构、非银行支付机构加强资金异常流动情况及其他涉嫌非法集资可疑资金的监测工作。注意区分可疑资金监测机制和加强资金异常流动情况的区别对待。

【参考依据】

《金融机构大额交易和可疑交易报告管理办法》（2018年7月6日）

第五条 金融机构应当报告下列大额交易：

（一）当日单笔或者累计交易人民币5万元以上（含5万元）、外币等值1万美元以上（含1万美元）的现金缴存、现金支取、现金结售汇、现钞兑换、现金汇款、现金票据解付及其他形式的现金收支。

（二）非自然人客户银行账户与其他的银行账户发生当日单笔或者累计交易人民币200万元以上（含200万元）、外币等值20万美元以上（含20万美元）的款项划转。

（三）自然人客户银行账户与其他的银行账户发生当日单笔或者累计交易人民币50万元以上（含50万元）、外币等值10万美元以上（含10万美元）的境内款项划转。

（四）自然人客户银行账户与其他的银行账户发生当日单笔或者累计交易人民币 20 万元以上（含 20 万元）、外币等值 1 万美元以上（含 1 万美元）的跨境款项划转。

累计交易金额以客户为单位，按资金收入或者支出单边累计计算并报告。中国人民银行另有规定的除外。

中国人民银行根据需要可以调整本条第一款规定的大额交易报告标准。

第十一条　金融机构发现或者有合理理由怀疑客户、客户的资金或者其他资产、客户的交易或者试图进行的交易与洗钱、恐怖融资等犯罪活动相关的，不论所涉资金金额或者资产价值大小，应当提交可疑交易报告。

《非金融机构支付服务管理办法》（2020 年 4 月 29 日）

第三条　非金融机构提供支付服务，应当依据本办法规定取得《支付业务许可证》，成为支付机构。

支付机构依法接受中国人民银行的监督管理。

未经中国人民银行批准，任何非金融机构和个人不得从事或变相从事支付业务。

《非银行支付机构网络支付业务管理办法》（2015 年 12 月 28 日）

第三十一条　支付机构提供网络支付创新产品或者

服务、停止提供产品或者服务、与境外机构合作在境内开展网络支付业务的，应当至少提前30日向法人所在地中国人民银行分支机构报告。

支付机构发生重大风险事件的，应当及时向法人所在地中国人民银行分支机构报告；发现涉嫌违法犯罪的，同时报告公安机关。

第三十二条 中国人民银行可以结合支付机构的企业资质、风险管控特别是客户备付金管理等因素，确立支付机构分类监管指标体系，建立持续分类评价工作机制，并对支付机构实施动态分类管理。具体办法由中国人民银行另行制定。

第十三条 金融机构、非银行支付机构应当履行下列防范非法集资的义务：

（一）建立健全内部管理制度，禁止分支机构和员工参与非法集资，防止他人利用其经营场所、销售渠道从事非法集资；

（二）加强对社会公众防范非法集资的宣传教育，在经营场所醒目位置设置警示标识；

（三）依法严格执行大额交易和可疑交易报告制度，对涉嫌非法集资资金异常流动的相关账户进行分析识别，并将有关情况及时报告所在地国务院金融管理部门分支机构、派出机构和处置非法集资牵头部门。

【本条宗旨】

本条是关于金融机构、非银行支付机构防范非法集资的义务，旨在通过履行法定义务防范非法集资。

【内容解读】

本条对金融机构、非银行支付机构的防范非法集资的义务及其与国务院金融管理部门分支机构、派出机构和处置非法集资牵头部门在防范非法集资关系上作了规定。

金融机构是指从事金融业有关的金融中介机构，分为银行业、证券业、保险业、信托投资和基金管理等。银行业金融机构包括存款类金融机构和非存款类金融机构。前者包括银行、城市信用合作社、农村信用合作社、农村资金互助社、财务公司；后者包括信托公司、金融资产管理公司、金融租赁公司、汽车金融公司、贷款公司、货币经纪公司。证券业金融机构包括证券公司、证券投资基金管理公司、期货公司、投资咨询公司。保险业金融机构包括财产保险公司、人身保险公司、再保险公司、保险资产管理公司、保险经纪公司、保险代理公司、保险公估公司、企业年金公司。交易及结算类金融机构包括交易所、登记结算类机构。金融控股公司包括中央金融控股公司和其他金融控股公司。非银行支付机构是指在收付款人之间作为中介机构提供网络支付，预付卡的发行与受理，银行卡收单以及中国人民银行确定的其他支付等部分或全部货币资金转移服务机构。其中，网络支付是指依托公共网络或专用网络在收付款人之间转移货币资金的行为，主要包括货币汇兑、互联网支付、移动电话支付、固定电话支付、数字电视支付等。常见的业务类型主要有：银行卡收单业务，如 POS 机业务，预付卡业务和网络支付业务，其中网络支付业务也包括支付宝和微信支付等。预付卡是指以营利为目的发行的、在发行机构之外购买商品或服务的预付价值，包括采取磁条、芯片等技术以卡片、密码等形式发行的预付卡。银行卡收单是指通过销售点（POS）终端等为银行卡特约商户代收货币资金的行为。

以上金融机构、非银行支付机构在防范非法集资时应当履行以下三项义务：

一是建立健全内部管理制度。金融机构、非银行支付机构不仅要建立内部管理制度，还应当健全内部管理制度，更需要加强内部管理，确保机构和员工不参与非法集资，禁止他人利用其经营场所、销售渠道从事非法集资。主要包括：（1）建立健全内部管理制度。内部管理主要包括应通过建立健全内部管理的各项规章制度、操作流程和业务系统，加大监测非法集资的能力和力度，严格逐级报告、督办制度，建立信息沟通和共享机制的方式，禁止金融机构、非银行支付机构工作人员参与非法集资活动。因为金融机构、非银行支付机构及其从业人员参与民间借贷、违规担保和非法集资活动的风险较大，社会影响恶劣，会对金融机构、非银行支付机构的形象造成不利影响，给相关机构资产安全带来较大风险。（2）通过制度禁止金融机构、非银行支付机构和员工参与非法集资。为了落实《中国银行业监督管理委员会办公厅关于严禁银行业金融机构及其从业人员参与民间融资活动的通知》的要求，金融机构不仅包括严禁金融机构工作人员参与非法集资活动，更为重要的是确保分支机构和员工不参与非法集资。（3）防止他人利用其经营场所、销售渠道从事非法集资，从参与非法集资的空间场所予以限制。金融机构、非银行支付机构应当建立巡查机制，确保有“防”且“防”而有“为”，杜绝他人利用其经营场所、销售渠道从事非法集资。

本条将对金融机构、非银行支付机构原有规定的“确保”分支机构和员工不参与非法集资以及“不允许”他人利用其经营场所、销售渠道从事非法集资的苛刻规定进行修改，修改为“禁止”分支机构和员工参与非法集资，“防止”他人利用其经营场所、销售渠道从事非法集资，强调机制上的治理，而非后果上的判断，从而使得立法用语更加规范和科学。

二是加强对社会公众防范非法集资宣传教育，在营业场所醒目位置张贴警示标识。金融机构、非银行支付机构应将防范非法集资宣传纳入日常工作内容，通过常态化宣传机制，以各种形式定期开展普法教育、金融政策宣传和非法集资风险提示，保护好存款人和金融消费者的切身利益，维护经济金融秩序和社会稳定。其主要做法是利用各银行业金融机构、非银行支付机构的网站、刊物等媒介，以各分支机构、营业网点等为重点，利用条幅、展板、电子显示屏等载体，对非法集资特征、主要表现形式、常用手段等进行宣传，滚动播出防范和打击非法集资宣传标语口号，提高存款人和消费者的风险意识和识别能力，自觉远离和抵制非法集资。

三是严格执行大额交易和可疑交易报告制度。根据《金融机构大额交易和可疑交易报告管理办法》规定，从事金融业务的机构应当按照规定进行大额交易和可疑交易报告。金融机构应在大额交易发生之日起5个工作日内以电子方式提交大额交易报告；其他金融机构与客户进行金融交易，通过银行账户划转款项的，由银行机构按照本办法规定提交大额交易报告。大额交易和可疑交易报告除涉及与洗钱、恐怖融资外，还包括地下钱庄、毒品交易、赌博、非法经营、套现、诈骗等犯罪。非银行支付机构也应遵循上述要求。

对各类账户交易中涉及非法集资资金异常流动进行分析识别，并将有关情况及时提供给所在地国务院金融管理部门分支机构、派出机构和处置非法集资牵头部门。除金融机构、非银行支付机构将应当通过其总部或者总部指定的机构向中国反洗钱监测分析中心报送大额交易和可疑交易报告外，还负有对各类账户交易中涉及非法集资资金异常流动进行分析识别，并将有关情况及时提供给所在地国务院金融管理部门分支机构、派出机构和处置非法集资牵头部门。这是因为金融机构、非银行支付机构进行资金转移服务类业务，其业务过程中监测的内容主要是现金流动。通过现金流动的模型，能够识别大额交易和可疑交易。在分析识别后，金融机构、非银行支付机构还应当将相关情况提供给所在地和国务院金融管理部门分支机构、派出机构和处置非法集资牵头部门，以便有关部门对非法集资进行监测、审查判断和及时处置。

【实务要点】

目前，我国有关金融机构、非银行支付机构履行上述职责的规定，主要有《关于进一步加强银行业务和员工行为管理的通知》（银监办发〔2014〕57 号）、《关于加强银行业金融机构内控管理有效防范柜面业务操作风险的通知》（银监办发〔2015〕97号）等。国务院金融监管部门应当督促金融机构、非银行支付机构严格落实禁止性规定，不得以变相提高存款利率或向存款经办人和关系人支付费用或佣金等方式违规吸储；不得以各种形式参加非法集资活动；不得介绍机构和个人参与高利贷或向机构和个人发放高利贷；不得借银行名义或利用银行员工身份私自代客投资理财；不得利用银行员工或银行客户的个人账户为他人过渡资金，不得借用银行客户的个人账户为银行员工过渡资金；不得自办或参与经营典当行、小额贷款公司、担保公司等机构；不得向他人提供与自己经济实力不符的个人担保，不得向民间借贷资金提供担保；不得允许非本行员工以各种方式进入银行业金融机构办公或营业场所开展民间借贷、违规担保和非法集资活动。严格规范银行销售投资理财产品的业务流程，强化营业场所和员工行为管理，认真落实轮岗、对账、内审、授权等管理要求，强化制度管人的有效性。同时还要全面排查员工异常行为和账户异常交易，特别是针对银行员工私售“飞单”参与非法集资等问题进行专项排查，探索建立跨行联动排查机制，坚决遏制住员工违法违规行为多发频发的势头。加快推动银行业从业人员处罚信息系统建设，防范违规员工“带病”流动，强化职业操守教育，建立问责机制。

【参考依据】

《国务院关于进一步做好防范和处置非法集资工作的意见》（2015年10月19日）

四、以防为主，及时化解

……

（九）发挥金融机构监测防控作用。

加强金融机构内部管理，确保分支机构和员工不参与非法集资。加强金融机构对社会公众的宣传教育，在营业场所醒目位置张贴警示标识。金融机构在严格执行大额可疑资金报告制度基础上，对各类账户交易中具有分散转入集中转出、定期批量小额转出等特征的涉嫌非法集资资金异动进行分析识别，并将有关情况及时提供给地方各级防范和处置非法集资工作领导小组办公室。人民银行、银监会、证监会、保监会、外汇局要指导和督促金融机构做好对涉嫌非法集资可疑资金的监测工作，建立问责制度。

《中国银监会办公厅关于进一步做好防范和处置非法集资工作的通知》（2015年12月30日）

二、加强内部管理，切实防范非法集资风险向银行业传递

银行业金融机构要“看好自己的门，管好自己的人”，确保分支机构和员工不参与非法集资活动。

……

三、加强源头治理，大力开展面向公众的宣传教育

各银行业金融机构要承担对社会公众的宣传教育义务，加强对广大群众的金融知识和风险警示教育，通过宣传让群众辨清什么是合法、什么是非法，不轻易上当、不主动参与，自觉抵制非法集资。要依托营业网点优势，有效利用营业厅内外部资源环境，通过设置宣传专栏、张贴警示标识、印发材料、风险提示、案例宣传等方式向广大金融消费者进行宣传，确保机构网点100%参与。要创新方式方法，充分运用各类宣传媒介和载体，开展包括网络宣传、媒体宣传、在基层网点醒目位置张贴标示、社会宣传等形式多样的宣传教育活动。要将日常宣传与集中宣传相结合，积极配合地方有关部门开展宣传月活动，加强协调联动，将防范打击非法集资宣传教育与风险管理、银行业消费者权益保护等工作相结合，推动宣传教育工作常态化、制度化。

《中国银行业监督管理委员会办公厅关于严禁银行业金融机构及其从业人员参与民间融资活动的通知》（2012年5月23日）

各银监局，各政策性银行、国有商业银行、股份制商业银行，邮政储蓄银行，银监会直接监管的信托公司、企业集团财务公司、金融租赁公司：

近期，少数银行业金融机构及其从业人员参与民间借贷、违规担保和非法集资活动的风险较为突出，在社会上引起很大反响，对银行业金融机构的形象造成不利影响，给相关机构资产安全带来较大风险。为规范银行业金融机构及其从业人员行为，有效防范民间借贷、违规担保和非法集资引发的风险向银行体系转移，现就有关事项通知如下：

一、合规经营，不得直接或变相参与民间借贷、违规担保和非法集资活动

银行业金融机构及从其从业人员应依法合规开展业务活动，不得从事民间借贷、违规担保和非法集资活动。一是不得以变相提高存款利率或向存款经办人和关系人支付费用或佣金等方式违规吸储。二是不得以各种形式参加非法集资活动。三是不得介绍机构和个人参与高利贷或向机构和个人发放高利贷。四是不得借银行名义或利用银行员工身份私自代客投资理财。五是不得利用银行员工或银行客户的个人账户为他人过渡资金，不得借用银行客户的个人账户为银行员工过渡资金。六是不得自办或参与经营典当行、小额贷款公司、担保公司等机构。七是不得向他人提供与自己经济实力不符的个人担保，不得向民间借贷资金提供担保。八是不得允许非本行员工以各种方式进入银行业金融机构办公或营业场所开展民间借贷、违规担保和非法集资活动。

……

《关于非银行支付机构开展大额交易报告工作有关要求的通知》（2018 年 7 月 10 日）

中国人民银行上海总部，各分行、营业管理部，各省会（首府）城市中心支行，各副省级城市中心支行；国家开发银行，各政策性银行、国有商业银行、股份制商业银行，中国邮政储蓄银行：

为落实《金融机构大额交易和可疑交易报告管理办法》（中国人民银行令〔2016〕第 3 号发布）有关规定，

进一步健全大额交易和可疑交易报告工作机制，提高资金监测有效性，现就非银行支付机构执行大额交易报告制度的有关要求通知如下：

一、非银行支付机构应当切实履行大额交易报告义务，按照《中华人民共和国反洗钱法》、《金融机构大额交易和可疑交易报告管理办法》等有关法律法规的规定，强化董事会和高级管理层反洗钱履职责任，在总部或集团层面推动落实大额交易报告制度、流程、系统建设等工作要求，切实保障相关人员、信息和技术等资源需求。非银行支付机构与银行机构应当加强信息传递，为对方履行大额交易报告义务提供完整、准确、及时的客户身份信息和交易信息，持续完善资金上下游链条信息。

……

三、客户通过非银行支付机构发生的银行账户与银行账户之间的款项划转，非银行支付机构应当参照本通知第二条的标准提交大额交易报告。

四、客户通过非银行支付机构发生的预付卡与银行账户之间的款项划转，预付卡发卡机构应当参照本通知第二条的标准提交大额交易报告。

五、对于跨境收单业务，非银行支付机构应当以客户支付的人民币交易金额计算并提交大额交易报告；客户通过绑定境外银行卡进行支付的，非银行支付机构应当以收单机构与其结算的人民币交易金额计算并提交大额交易报告。

六、对符合下列条件之一的大额交易，如未发现交易或行为可疑的，非银行支付机构可以不报告：

（一）交易一方为各级党的机关、国家权力机关、行政机关、司法机关、军事机关、人民政协机关和人民解放军、武警部队，但不包含其下属的各类企事业单位。

（二）非银行支付机构为客户办理相关业务收取的手续费用。

（三）交易背景为缴纳水费、电费、燃气费等公共事业费。

（四）中国人民银行确定的其他情形。

中国人民银行根据需要可以调整大额交易免报范围。

七、非银行支付机构应当在大额交易完成之日起5个工作日内以电子方式提交大额交易报告。大额交易完成以款项实际划转到支付账户或者银行账户为准。

……

第十四条 行业协会、商会应当加强行业自律管理、自我约束，督促、引导成员积极防范非法集资，不组织、不协助、不参与非法集资。

【本条宗旨】

本条是关于行业协会、商会进行自我管理和约束的规定，旨在通过加强行业、商会成员自律管理，引导会员积极参与防范非法集资和消极不参与非法集资。

【内容解读】

本条是有关行业协会、商会自律管理职责的规定，其内容主要规定行业协会、商会在防范非法集资规范成员时应当履行的职责。包括以下主要内容：

一是对行业协会、商会自身的要求。自律组织属于“自我组织，自我管理和自我教育”性质的社会行业组织机构。按照“服务监管、服务行业、服务社会”的职责定位，行业协会、商会以防范非法集资行业基础设施、标准规则、统计监测、风险教育为切入点，提高自律管理工作的规范化、精细化、信息化水平。其重点不仅在于“自律”，强调的更是“自律管理”，主要针对非法集资的防范对其成员在行业内进行管理、督促与引导。这种自律管理除了依据国家的有关法律、法规和政策外，主要是依据自律组织制定的章程、公约、业务规则、细则等进行管理，其管理不仅要依法维护成员合法权益，反映行业、商会的建议和诉求，同时也应当积极与处置非法集资牵头部门定期沟通，不断督促成员开展投资者宣传教育活动，督促成员积极履行法定以及章程等规定的义务。本条在非法集资防范问题上特别强调“加强”行业自律“管理”，侧重自我约束。

二是行业协会、商会负有作为自律组织不组织、不协助、不参与非法集资的职责，也负有教育、防范和约束协会、商会的成员不组织、不协助、不参与非法集资的义务，发现成员组织、协助、参与的，应当及时进行劝阻和制止。

三是行业协会、商会通过行业规范对成员应当发挥的作用。这种作用体现在两个方面：（1）督促成员自我约束。行业协会、商会通过加强自律管理推动成员自愿遵守有关防范非法集资的法律法规以及相关规定，形成一种自觉的行为，养成抵制非法集资诱惑的能力。(2) 引导成员不参与并积极防范非法集资。行业协会、商会通过加强自律管理引导成员不仅自己不参加非法集资活动以及采用说服、劝阻等方式影响他人参与非法集资行为，同时还积极参与防范非法集资的宣传活动，阻止他人参与非法集资活动。

【实务要点】

行业协会与商会作为社会自律组织，性质上基本相同，协会一般属非营利性机构。目前的金融类自律组织主要包括：（1）中国银行业协会。中国银行业协会是经中国人民银行和民政部批准成立，并在民政部登记注册的全国性非营利社会团体，是中国银行业自律组织。2003年中国银监会成立后，中国银行业协会主管单位由中国人民银行变更为中国银监会。（2）中国证券业协会。中国证券业协会是依据《证券法》《社会团体登记管理条例》的有关规定设立的证券业自律性组织，属于非营利性社会团体法人，接受中国证监会和国家民政部的业务指导和监督管理。（3）中国期货业协会。中国期货业协会是依据《证券法》《期货交易管理条例》《社会团体登记管理条例》的有关规定设立的期货行业自律性组织，属于非营利性社会团体法人，接受中国证监会和国家民政部的业务指导和监督管理。（4）中国证券投资基金业协会。中国证券投资基金业协会是依据《证券法》《证券投资基金法》和《社会团体登记管理条例》的有关规定设立的证券投资基金业自律性组织，属于非营利性社会团体法人，接受中国证监会和国家民政部的业务指导和监督管理。其主要职责：教育和组织会员遵守有关证券投资的法律、行政法规，维护投资人合法权益；依法维护会员的合法权益，反映会员的建议和要求；制定和实施行业自律规则，监督、检查会员及其从业人员的执业行为，对违反自律规则和协会章程的，按照规定给予纪律处分；制定行业执业标准和业务规范，组织基金从业人员的从业考试、资质管理和业务培训；提供会员服务，组织行业交流，推动行业创新，开展行业宣传和投资人教育活动；对会员之间、会员与客户之间发生的基金业务纠纷进行调解；依法办理非公开募集基金的登记、备案；协会章程规定的其他职责。（5）中国保险行业协会。中国保险行业协会是经中国保险监督管理委员会审查同意并在国家民政部登记注册的中国保险业的全国性自律组织，是自愿结成的非营利性社会团体法人。（6）中国银行间市场交易商协会。中国银行间市场交易商协会是由市场参与者自愿组成的，包括银行间债券市场、同业拆借市场、外汇市场、票据市场和黄金市场在内的银行间市场的自律组织。其是经国务院、民政部批准成立的全国性非营利性社会团体法人。（7）中国互联网金融协会。中国互联网金融协会是全国性行业自律组织，承担制定互联网金融经营管理规则和行业标准，促进从业机构业务交流和信息共享，建立行业自律惩戒机制等重要职责。

商会是指商人依法组建并登记的，以维护成员合法权益、促进工商业繁荣为宗旨的社会团体法人。商会是实现政府与商人、商人与商人、商人与社会之间相互联系的重要纽带。商会遵循自愿参加、自筹经费、自我管理、自我服务、诚信民主的原则开展工作。

行业协会作为市场经济国家常见的促进行业发展、规范行业秩序的社会组织形式。协会对会员违规行为可视情节轻重，给予警示约谈、发警示函、强制培训、业内通报、公开谴责、暂停会员权利以及取消会员资格的惩戒，但要保障行业协会自治，在自律管理上不越界，对会员的惩戒不超出自律的范围，不能扮演政府处置非法集资部门的“二级政府机构”的行政机关角色。

【参考依据】

《银行业监督管理法》（2006 年 10 月 31 日）

第三十一条　国务院银行业监督管理机构对银行业自律组织的活动进行指导和监督。

银行业自律组织的章程应当报国务院银行业监督管理机构备案。

《证券法》（2019 年 12 月 28 日）

第一百六十四条　证券业协会是证券业的自律性组织，是社会团体法人。

证券公司应当加入证券业协会。

证券业协会的权力机构为全体会员组成的会员大会。

《中国银行业协会章程》（2005 年 4 月 8 日）

第十条　银行业协会履行下列行业服务职责：

（一）建立会员间信息沟通机制，组织开展会员间的业务、技术、信息等方面的交流与合作，为会员提供信息服务；

（二）组织开展与境内外银行业金融机构以及银行业协会间的交流与合作；

（三）加强与证券业、保险业等行业协会的沟通和协调；

（四）发挥行业整体宣传功能，协调、组织会员共同开展新业务、新政策的宣传和咨询活动，大力普及金融知识，提高公众的金融意识；

（五）组织开展业务竞技活动，增进会员间的了解和友谊，培育健康向上的行业文化。

第十一条 法律法规规定的其他职责或中国银监会等有关部门和会员交办、委托的其他事项。

《中国互联网金融协会会员自律公约》（2016 年 7 月 21 日）

第十五条 协会实施自律管理，组织对会员遵守公约的情况进行督促检查。督促检查结果向全体会员公布。会员有义务接受并积极配合检查。

第十五条 联席会议应当建立中央和地方上下联动的防范非法集资宣传教育工作机制，推动全国范围内防范非法集资宣传教育工作。

地方各级人民政府应当开展常态化的防范非法集资宣传教育工作，充分运用各类媒介或者载体，以法律政策解读、典型案例剖析、投资风险教育等方式，向社会公众宣传非法集资的违法性、危害性及其表现形式等，增强社会公众对非法集资的防范意识和识别能力。

行业主管部门、监管部门以及行业协会、商会应当根据本行业、领域非法集资风险特点，有针对性地开展防范非法集资宣传教育活动。

新闻媒体应当开展防范非法集资公益宣传，并依法对非法集资进行舆论监督。

【本条宗旨】

本条是关于建立健全防范非法集资宣传教育及其工作机制的规定，强调不同机关和部门防范非法集资宣传教育的不同职责，旨在通过全面广泛宣传、强化教育等活动，建立防范非法集资的第一道防线。

【内容解读】

本条共有四款，分别明确了联席会议、地方各级政府以及行业主管、监管部门、行业协会、商会和新闻媒体的防范非法集资教育宣传职责，旨在确保宣传教育组织有力、分工明确、成效明显。本条是《国务院关于进一步做好防范和处置非法集资工作的意见》有关宣传教育要求的具体落实，旨在通过广泛宣传和加强教育，增强公众对非法集资的防范意识和识别能力，强化依法对非法集资进行舆论监督。

第一款规定了联席会议建立防范非法集资宣传教育工作机制。本条源于《处置非法集资部际联席会议关于做好当前及今后一段时期防范和处置非法集资宣传教育工作的通知》要求的“明确职责分工，构建上下联动的工作格局”。一是联席会议建立中央和地方上下联动的防范非法集资宣传教育工作机制。这种工作机制不仅包括组织领导机构、具体实施机构和监督落实机构，还包括中央和地方上下有效联动和有效对接的工作机制，充分调动中央和地方防范非法集资的能动性，推动中央和地方的协同配合，建立宣传教育的长效机制，广泛开展非法集资的宣传教育活动。

二是联席会议应当推动全国范围内防范非法集资宣传教育工作。联席会议除了建立中央和地方上下联动的防范非法集资宣传教育工作机制，在机制内容上还应当制定防范非法集资宣传教育总体规划。联席会议研究制定宣传教育总体安排，结合实际情况确定工作重点，组织推动处置非法集资的牵头部门会同宣传主管部门协调新闻媒体做好防范非法集资的宣传报道，发挥主流媒体作用，积极拓展新媒体渠道，加强舆论引导。推动形成政府全面行动、社会广泛参与，面向公众、面向基层的全方位、多层次、多渠道、多方式的宣传局势。

第二款规定了地方各级人民政府防范非法集资宣传教育工作的职责、宣传教育的内容和方式。

一是地方各级人民政府应当开展常态化的防范非法集资宣传教育工作。其宣传教育工作应当贴近基层、贴近群众、贴近生活，推动防范和处置非法集资宣传教育活动进机关、进工厂、进学校、进家庭、进社区、进乡村，实现宣传教育广覆盖，引导广大群众对非法集资不参与、能识别、敢举报。

二是宣传教育的途径，充分运用各类媒体或者载体。主要是运用电视、广播、报刊、网络、电信、公共交通设施等各类媒介或载体，采用通俗易懂的语言、老百姓喜闻乐见的方式，充分整合利用各类宣传资源，发挥好报刊、广播、电视、政府门户网站等宣传阵地作用，持续开展专题专栏、在线访谈、系列报道、公益广告等形式的宣传，充分运用好新媒体，采用微博、微信、视频、抖音、微动漫、公益广告、主题海报、移动客户端等方式建设，探索利用公共文化教育资源和其他社会资源，提高宣传教育覆盖面，努力增强广大群众的防范非法集资意识和识别能力。

三是宣传教育的主要内容，以法律政策解读、典型案例剖析、投资风险教育等方式，向公众宣传非法集资的违法性、危害性及其主要手段等。地方人民政府可参照部际2016年4月联席会议会同最高人民法院、最高人民检察院、教育部、公安部、住房城乡建设部、人民银行、证监会、银保监会等单位召开的法律政策宣传座谈会，对相关法律政策进行全面解读，分析研判当前案件形势特点，剖析解读重大、典型案例，并有针对性地对公众开展风险提示，强化行业政策宣传引导的做法，探索群众喜闻乐见的宣传形式和节目，善于运用通俗、生动、形象、亲切的群众语言，推出更多接地气、有生气的宣传产品。同时推动传统媒体和新兴媒体相结合，建立立体化、全方位、互动式的宣传体系，紧密结合不同地区、不同行业、不同时期的特色和实际，开展特点鲜明的宣传教育活动，提高宣传教育的广泛性、针对性、有效性。

四是宣传教育达到的目标，增强公众对非法集资的防范意识和识别能力，引导社会公众强化投资的风险意识，提升识别非法集资的能力，培育自觉抵制非法集资的浓厚氛围，增强自我保护能力。

第三款规定了行业主管、监管部门以及行业协会、商会防范非法集资宣传教育工作的职责和途径，重在本行业的专项领域的宣传教育。

一是应当根据本行业、领域非法集资风险特点，制定宣传教育方案。其方案应当针对行业特点以及行业非法集资的趋势制定。

二是有针对性地开展行业领域防范非法集资宣传教育活动。针对苗头性、倾向性的非法集资，侧重投资理财、互联网金融、私募股权投资、农民专业合作社、民办教育、养老产业等案件高发领域，不仅要宣传行业法律政策宣传，还要总结分析案件特征、集资手法，及时进行风险提示。针对离退休人员、农民工、上访人员、城市上班族等特定群体开展重点宣传，提高宣传教育效果。

第四款规定了新闻媒体防范非法集资宣传教育工作的职责和途径，重在舆论监督。

一是新闻媒体应当开展防范非法集资公益宣传教育。新闻媒体作为现代社会的一种重要教育媒介，具有强大的社会影响能力和信息传播能力，拥有独特传播优势，通过引导社会的舆论，应当担负着引导社会主流意识形态的职责。在非法集资的防范工作中，新媒体、自媒体应当注意公益性、真实性，坚定政治立场，宣传非法集资带来的不良影响和现实危害。

二是对非法集资进行舆论监督应当依法进行。这种舆论监督不仅需要强化媒体自律责任，封堵涉嫌非法集资的资讯信息，净化社会舆论环境，更为重要的是依法进行，不可成为法外“审判”。

【实务要点】

本条对防范非法集资的宣传教育工作采用了统分结合的方式，在中央和地方以及不同行业划分了不同的职责，明确了联席会议的统筹、规划、指导、监督地位，强调地方政府和行业主管、监督部门、行业协会、商会以及媒体的落实、创新、反馈工作日常化职责。地方各级人民政府应当按照建立中央和地方上下联动的防范非法集资宣传教育工作机制，接受联席会议的指导建议，制定本辖区宣传教育工作计划和实施方案，积极开展常态化的防范非法集资宣传教育工作，指导协调各成员单位和政府认真组织落实，建立健全本辖区宣传教育长效机制。还应当建立健全督导检查机制，增强地方相关部门的执行力。通过定期调度统计、组织汇报等，深入落实防范和打击非法集资工作的具体责任；配合防范预警制度，及时、准确、有序地实施预警、跟踪监测、报告；鼓励群众监督、积极举报非法集资线索，配合有关机关处理非法集资案件；推动防范和打击非法集资宣传教育工作常态化、制度化开展。

非法集资宣传教育要有针对性、有效性，切忌空洞说教、泛泛而谈。这就需要加强宣传队伍的建设，积极培养和选拔政治素质好、业务能力强的宣传人员，注重引导专家学者、权威人士、志愿者等加入到宣传教育工作中，强化宣传教育的针对性和实践性，扩大宣传的社会影响力；同时，在宣传教育中不仅需要注意方式方法，还应该更加注意涉案个人的隐私以及信息安全的保护。

【参考依据】

《国务院关于进一步做好防范和处置非法集资工作的意见》（2015 年 10 月 19 日）

六、广泛宣传，加强教育

（十四）建立上下联动的宣传教育工作机制。建立部际联席会议统一规划，宣传主管部门协调推动，行业主管、监管部门指导落实，相关部门积极参与，各省（区、市）全面落实，中央和地方上下联动的宣传教育工作机制。

（十五）加大顶层引领和推动力度。中央层面要加强顶层设计，制定防范和处置非法集资宣传总体规划，推动全国范围内宣传教育工作。部际联席会议要组织协调中央媒体大力开展宣传教育，加强舆论引导。行业主管、监管部门要根据行业领域风险特点，制定防范和处置非法集资法律政策宣传方案，有针对性地开展本行业领域宣传教育活动。

（十六）深入推进地方强化宣传教育工作。地方各级人民政府要建立健全常态化的宣传教育工作机制，贴近基层、贴近群众、贴近生活，推动防范和处置非法集资宣传教育活动进机关、进工厂、进学校、进家庭、进社区、进村屯，实现宣传教育广覆盖，引导广大群众对非法集资不参与、能识别、敢揭发。充分运用电视、广播、报刊、网络、电信、公共交通设施等各类媒介或载体，以法律政策解读、典型案件剖析、投资风险教育等方式，提高宣传教育的广泛性、针对性、有效性。加强广告监测和检查，强化媒体自律责任，封堵涉嫌非法集资的资讯信息，净化社会舆论环境。

《中国银监会办公厅关于进一步做好防范和处置非法集资工作的通知》（2015 年 12 月 30 日）

三、加强源头治理，大力开展面向公众的宣传教育

各银行业金融机构要承担对社会公众的宣传教育义务，加强对广大群众的金融知识和风险警示教育，通过宣传让群众辨清什么是合法、什么是非法，不轻易上当、不主动参与，自觉抵制非法集资。要依托营业网点优势，有效利用营业厅内外部资源环境，通过设置宣传专栏、张贴警示标识、印发材料、风险提示、案例宣传等方式向广大金融消费者进行宣传，确保机构网点 100% 参与。要创新方式方法，充分运用各类宣传媒介和载体，开展包括网络宣传、媒体宣传、在基层网点醒目位置张贴标示、社会宣传等形式多样的宣传教育活动。要将日常宣传与集中宣传相结合，积极配合地方有关部门开展宣传月活动，加强协调联动，将防范打击非法集资宣传教育与风险管理、银行业消费者权益保护等工作相结合，推动宣传教育工作常态化、制度化。

《中国人民银行金融消费者权益保护实施办法》（2020年9月15日）

第二十四条 银行、支付机构应当切实承担金融知识普及和金融消费者教育的主体责任，提高金融消费者对金融产品和服务的认知能力，提升金融消费者金融素养和诚实守信意识。

银行、支付机构应当制定年度金融知识普及与金融消费者教育工作计划，结合自身特点开展日常性金融知识普及与金融消费者教育活动，积极参与中国人民银行及其分支机构组织的金融知识普及活动。银行、支付机构不得以营销金融产品或者服务替代金融知识普及与金融消费者教育。

第四十九条 中国人民银行及其分支机构统筹开展金融消费者教育，引导、督促银行、支付机构开展金融知识普及宣传活动，协调推进金融知识纳入国民教育体系，组织开展消费者金融素养调查。

第十六条　对涉嫌非法集资行为，任何单位和个人有权向处置非法集资牵头部门或者其他有关部门举报。

国家鼓励对涉嫌非法集资行为进行举报。处置非法集资牵头部门以及其他有关部门应当公开举报电话和邮箱等举报方式、在政府网站设置举报专栏，接受举报，及时依法处理，并为举报人保密。

【本条宗旨】

本条是关于对非法集资举报制度的规定，旨在通过健全举报机制，保障处置非法集资牵头部门及有关部门及时获得非法集资信息线索以及发现非法集资，达到对非法集资的群防群治的目的。

【内容解读】

本条共两款，分别规定了举报、接受举报、处理举报和为举报人保密的机制和制度。

第一款规定了举报的权利及接受举报的部门。内容主要包括：

一是任何单位和个人有权对涉嫌非法集资行为进行举报。举报是每一个公民的权利，鼓励广大群众积极参与防范和打击非法集资工作，不仅包括一般公民和单位，也包括参与非法集资协助人。本条对涉嫌非法集资行为举报主体采用广泛性的规定，并作为一项权利。

二是接受举报的部门为“处置非法集资牵头部门或者其他有关部门”。处置非法集资牵头部门应当及时接受举报并作出处理。其他部门接收举报非法集资信息材料后，应当根据部门权限及时处理并报送或者移送处置非法集资牵头部门，不得因不属于自己管辖或者业务范围拒绝接收或不报送。

三是单位和个人举报应当实事求是。举报信息材料应当明确，可以实名举报，也可以隐名举报，但不得虚假举报或者恶意举报。

第二款规定了处置非法集资牵头部门以及其他有关部门的举报和保密制度内容，旨在为非法集资举报权利的行使提供条件和渠道，打消其后顾之忧。对此，处置非法集资牵头部门以及其他有关部门应当建立健全非法集资举报的受理、核查、协调、处理、督办、移送、统计和报告等制度。

一是国家鼓励对涉嫌非法集资行为进行举报。这种鼓励不仅包括精神鼓励，还包括物质奖励。国家应当建立非法集资举报奖励制度，加大奖励力度，举报奖励办法可由联席会议制定。目前，有些省市政府以及其他部门已经建立了相应的举报奖励制度。本款没有明确规定国家建立举报奖励制度，联席会议已经制定《非法集资举报奖励办法》，对于举报奖励可按照此规定执行，地方各级人民政府组织实施。省市也可以根据联席会议的《非法集资举报奖励办法》制定实施细则或者落实办法，奖励应当纳入各级人民政府的财政预算，对于举报属实的，应当及时兑现，体现奖励的激励机制。

二是处置非法集资职能部门应当公开举报电话和邮箱等举报方式、在政府网站设置举报专栏。主要是向社会公布举报通信地址、电子邮箱、举报电话、举报微信公众号、接待举报的时间和地点或其他接受举报的方式等，便于举报。随着移动互联网和新的媒体技术的普及，应用基于位置的服务（Location Based Services，LBS）的举报应用和小程序等新的举报形式，可以做到随时、随地拿起手机拍下非法集资线索和行为，为“一键举报”“一键核查”“一键处置”提供渠道，对于非法集资的举报和处理变得更加便捷高效。目前，北京、重庆、武汉等地方金融监管部门已经开始应用“金融安全卫士”小程序产品，进一步提升了打击非法集资的效率和精准度。

三是处置非法集资牵头部门应当积极接受单位和个人的举报，及时依法处理。有关部门接到举报后，应迅速组织核查，可采取“一案一议”或集中处理的方式对举报线索进行认定。

四是做好保密以及举报人人身安全保护等工作。受理举报和实施奖励部门应指派专人妥善保存举报人信息，未经举报人书面同意，严禁泄露举报人姓名（名称）、联系方式等信息。严禁将举报的信息材料和举报人有关情况透露或转给被举报对象。对于举报人面临威胁或者可能存在人身安全的，处置非法集资牵头部门应当积极与公安机关联系，由公安机关采取保护措施。对于泄露举报人信息造成其人身安全受到威胁或者威胁举报人人身安全的，应当按照《治安管理处罚法》的规定予以处罚，构成犯罪的，追究其刑事责任。

【实务要点】

对于举报应当注意区分错报、举报失实与诬告，只要不是恶意举报，即使存在失实或者不是非法集资，也不应追究责任，解除举报人的思想顾虑，鼓励知情人举报。因为是合法集资还是非法集资，一般公民难以区分，不应强求。

近年来，北京市、广东省、内蒙古、宁夏、深圳市等 13 个省市自治区以及经济特区、部分地市已经发布了与《非法集资举报奖励暂行办法》对应的实施细则。对于非法集资举报应当采取集中处理方式的频次不能低于每年两次。特别重要的线索应及时予以认定和奖励。实施举报奖励应遵循以下原则：（1）同一事实被两个以上举报人分别举报的，奖励最先举报人。其他举报人提供的举报内容对事实查处有帮助的，可酌情给予奖励。（2）两个以上举报人联名举报同一事实的，按同一举报奖励，奖金由联名举报人集体领取、自行分配。（3）对于跨省份非法集资行为，两个以上举报人分别在不同地区举报，且分别对该地区处置工作提供线索的，可分别予以奖励。（4）同一举报人在不同部门、不同地区举报同一事实的，不给予重复奖励。但是，有下列情形之一的，不予奖励：（1）防范和处置非法集资工作人员及其直系亲属或其授意他人进行的举报；（2）举报线索已进入行政处理或刑事立案程序；（3）举报人涉嫌非法集资犯罪的；（4）举报人已因该举报事项在其涉及的其他刑事案件中被认定为立功；（5）不符合法律法规及本办法有关规定的情形；（6）省级人民政府根据当地实际确定的其他不予奖励的情形。

一般情况下处置非法集资的牵头部门需要会同公安、财政、法院、检察院等相关部门负责受理举报及给予奖励，审核确认工作由处置非法集资的部门牵头负责。举报人举报时，一般应当提供实名、联系方式，对举报事实有基本的线索和证据，便于联系和奖励。

【参考依据】

《国务院关于进一步做好防范和处置非法集资工作的意见》（2015年10月19日）

四、以防为主，及时化解

……

（十）发动群众防范预警。充分调动广大群众积极性，探索建立群众自动自发、广泛参与的防范预警机制。加快建立非法集资举报奖励制度，强化正面激励，加大奖励力度，鼓励广大群众积极参与，并做好保密、人身安全保护等工作。部际联席会议研究制订举报奖励办法，地方各级人民政府组织实施。

第十七条 居民委员会、村民委员会发现所在区域有涉嫌非法集资行为的，应当向当地人民政府、处置非法集资牵头部门或者其他有关部门报告。

【本条宗旨】

本条是关于群众性自治组织对涉嫌非法集资行为报告制度的规定，旨在建立群防群治的机制，及早防范非法集资。

【内容解读】

本条规定了群众性自治组织对涉嫌非法集资行为的

报告义务主体和报告的部门。主要包括以下两层含义：

一是明确了居民委员会、村民委员会对涉嫌非法集资行为的报告义务。居民委员会、村民委员会作为基层群众自治组织，最贴近群众，能够及时发现、掌握第一手群众参与非法集资相关信息，特别是最基层的网格化治理，可以延伸到居民个人的生活，更容易发现非法集资的行为。因而，明确其应当向人民政府、处置非法集资牵头部门或者其他有关部门报告是必要的。目前，打着“新型农业”概念，假借“乡村振兴政策”，以“共享农业”为噱头，采用“共享农业”“资金互助”“畜牧托管”“农业科技”“联合种植养殖”等名义非法集资的现象不断出现，有些楼堂馆所非法集资宣传相当突出，将群众性自治组织作为防范非法集资及时报告主体具有现实意义。

二是居民委员会、村民委员会发现其所在区域内存在涉嫌非法集资行为予以报告的法定义务。居民委员会、村民委员会及其居民、村民发现涉嫌非法集资行为的，应当及时向当地人民政府、处置非法集资牵头部门或者其他有关部门报告。报告的方式可采用多种形式，如电话、微信等方式。本条采用“应当”报告的规定。如果群众性自治组织没有及时履行这项义务，需要承担相应的追责。同时规定了向人民政府报告，其原因在于居民委员会、村民委员会可能不知道或者不清楚处置非法集资牵头部门或者其他有关部门，但对人民政府应当是清楚的，与征求意见稿相比增加人民政府更具有可行性。

【实务要点】

举报非法集资作为任何单位和个人的义务，不具有强制性。而居民委员会、村民委员会对涉嫌非法集资行为报告是其群众性自治组织的一项职责，也是其应当履行的一项法定义务。村民或者居民发现非法集资，依据本《条例》的规定，可以向政府、处置非法集资牵头部门或有关机关举报并获得奖励。群众性自治组织作为非法集资防范预警体系的基层组成部分，有法定义务及时向当地处置非法集资牵头部门或有关部门报告非法集资的信息、情况。

需要注意的是，《条例》对居民委员会、村民委员会涉嫌非法集资行为仅仅规定了报告义务，这种义务是否可衍生出有权对非法集资行为予以制止的义务？由于非法集资认定困难，本条仅仅规定了报告义务，未规定发现违法行为制止义务。但是，对涉及居民、村民参与非法集资的，居民委员会、村民委员会有权劝阻，同时对非法集资行为也有权予以制止。

乡镇政府或者街道办事处应当吸收居民委员会、村民委员会成员作为防范非法集资小组的成员，保障报告的及时性，并通过建立相应制度来保证对非法集资的"群防群治"的落实。一般而言，公民向人民政府或者处置非法集资牵头部门或者有关部门举报非法集资行为，不需要具备及时性要件；但居民委员会、村民委员会报告义务的履行，应当在有关规定的范围内，满足及时性要求。因为发现非法集资行为，未及时报告，仍很可能导致居民财产出现重大损失，影响村民或者居民的正常生活。

【参考依据】

《城市居民委员会组织法》（2018 年 12 月 29 日）

第二条 居民委员会是居民自我管理、自我教育、自我服务的基层群众性自治组织。

不设区的市、市辖区的人民政府或者它的派出机关对居民委员会的工作给予指导、支持和帮助。居民委员会协助不设区的市、市辖区的人民政府或者它的派出机关开展工作。

第三条 居民委员会的任务：

（一）宣传宪法、法律、法规和国家的政策，维护居民的合法权益，教育居民履行依法应尽的义务，爱护公共财产，开展多种形式的社会主义精神文明建设活动；

（二）办理本居住地区居民的公共事务的公益事业；

（三）调解民间纠纷；

（四）协助维护社会治安；

（五）协助人民政府或者它的派出机关做好与居民利益有关的公共卫生、计划生育、优抚救济、青少年教育等项工作；

（六）向人民政府或者它的派出机关反映居民的意见，要求和提出建议。

《村民委员会组织法》（2018年12月29日）

第二条 村民委员会是村民自我管理、自我教育、自我服务的基层群众性自治组织，实行民主选举、民主决策、民主管理、民主监督。

村民委员会办理本村的公共事务和公益事业，调解民间纠纷，协助维护社会治安，向人民政府反映村民的意见、要求和提出建议。

……

第五条 乡、民族乡、镇的人民政府对村民委员会的工作给予指导、支持和帮助，但是不得干预依法属于村民自治范围内的事项。

村民委员会协助乡、民族乡、镇的人民政府开展工作。

第十八条 处置非法集资牵头部门和行业主管部门、监管部门发现本行政区域或者本行业、领域可能存在非法集资风险的，有权对相关单位和个人进行警示约谈，责令整改。

【本条宗旨】

本条是有关处置非法集资牵头部门和行业主管、监管部门对非法集资风险采取措施的规定，通过及时对非法集资采取有效防范措施，避免其风险蔓延和风险扩散。

【内容解读】

本条规定了处置非法集资牵头部门和行业主管、监管部门发现非法集资的处理权力和措施。主要包括以下两个方面的内容：

一是处置非法集资牵头部门和行业主管、监管部门发现非法集资风险的，对存在非法集资风险的单位和个人可以采取防控措施。实施的主体与措施类型包括：对存在非法集资风险可以采取措施的主体是处置非法集资牵头部门和行业主管、监管部门。其权限范围限于处置非法集资牵头部门所在的行政辖区和行业主管、监管部门的行业、领域的单位和个人。其中，发现不仅包括监测过程中自己发现的，也包括接受公民举报或者其他部门移送线索发现的。

处置非法集资牵头部门和行业主管、监管部门采用的措施为警示约谈，责令整改。其中，警示约谈，是指对可能存在非法集资风险的单位和个人进行的诫勉性谈话。履行警示约谈职责时，被约谈对象应当予以配合，不得消极对待，更不能拒绝与阻挠。责令整改，是指对可能存在非法集资风险的单位和个人要求停止或改正集资的措施。责令整改应当采取通知书形式，应当载明具体整改的内容和期限。在期限内如果未能达到整改要求的，则应采取进一步的处罚措施，以免非法集资风险的溢出，影响社会稳定。

二是处置非法集资牵头部门和行业主管、监管部门发现苗头性、倾向性的非法集资风险，应当及时预警。其预警仅限于具有苗头性、倾向性的非法集资风险，防止非法集资风险扩大化。例如，目前的投融资中介、网络借贷、影视文化、批发零售、电子商务、房地产、交易场所、各类涉农合作组织、养老服务等行业企业及关联企业，以及打着上述企业或业务旗号，发布融资类广告资讯信息、实施募集资金行为的属于苗头性、倾向性非法集资风险，向公众作出预警提示。而对风险积聚的重点行业、地域，采用风险提示的方式，而非预警提示。

【实务要点】

处置非法集资牵头部门和行业主管、监管部门对于发现的非法集资风险采取措施应当特别注意是“存在风险”，而这种风险既可以是面临的，也可以是可能的，并非已经发生的“非法集资事件”，也非是涉嫌非法集资本身。对不同风险采用的措施不同，对于一般非法集资风险的单位和个人，采用警示约谈，责令整改，不宜向公众进行预警提示；对于具有苗头性、倾向性的非法集资风险应当向公众预警。

目前，我国法律法规规章存在大量的有关约谈的规定。其中，部门规章与决定约20件、地方性法规及规章约444件，行业规定约3件，旨在通过沟通和协商，发挥警示、督促、缓冲的预防功能。约谈不同于行政指导。行政指导是行政机关通过建议、引导等方式，达到引导行政相对人自愿采取一定的作为或者不作为的目的。而约谈侧重于警示、告诫，有一定的强制性。如果不接受约谈或者不按照约谈中的意见进行整改或者整改不符合约谈的要求，会导致相应法律后果。约谈也不同于行政处罚。约谈虽然具有强制力却不具有行政处罚的强制力，但约谈对被约谈人会产生影响。然而，有的规范性文件规定的“约谈”包括“责令整改”。例如，《互联网新闻信息服务单位约谈工作规定》第二条规定：“国家互联网信息办公室、地方互联网信息办公室建立互联网新闻信息服务单位约谈制度。本规定所称约谈，是指国家互联网信息办公室、地方互联网信息办公室在互联网新闻信息服务单位发生严重违法违规情形时，约见其相关负责人，进行警示谈话、指出问题、责令整改纠正的行政行为。”不按照约谈采取措施的，可以采取责令整改的措施，应当及时向公众进行预警提示。一般而言，警示约谈属于事实行为，对于不接受约谈的，应当转化其他约束性措施。而责令整改属于命令，对责令整改有异议的，可以采取行政复议、行政诉讼的方式救济。对于通过非法集资预警系统进行的预警和监管部门、业务主管部门作出的警示，其警示与约谈、整改相比更为严厉，因为它会影响单位或者个人的信用，实施应当谨慎。对于整改符合要求的，应当及时解除警示。对本条需要结合相关“法律责任”规定来把握。对待非法集资风险应当畅通群众诉求反映渠道，及时回应群众诉求，积极落实维稳属地责任，防止矛盾激化，力争实现执法效果与经济效果、社会效果相统一。

【参考依据】

《中国银保监会办公厅关于开展银行保险机构非法集资风险排查整治活动的通知》（2019年3月12日）

……

三、强化整改建制

各银行保险机构要综合运用大数据监测、自查自纠、舆情监测、媒体审读、有奖举报等多种方式，聚焦重点机构、重点人群、重点问题进行深入排查，全面摸清底数。

对发现的风险及问题要建立责任清单，即查即改，并严肃处理违规失职人员，追究相关人员的管理责任和领导责任，涉嫌犯罪的要移送公安机关。

……

第三章　处　置

【本章概要】

本章是关于处置非法集资调查制度和程序的规定，是对非法集资风险防范失控、失效衍生案件的处置。处置非法集资赋予了处置非法集资牵头部门组织调查认定的权力，以及可以采取的行政手段和行政措施，明确清退资金来源，规范资金清退程序，旨在消除非法集资带来的不利影响。《条例》确立的行政处置程序，改变了长期以来以刑事手段为主的处置非法集资模式，确立了行政处置与刑事打击有机衔接的机制。这种处置非法集资模式对于早发现早处理，减少非法集资刑事处置的难度，降低非法集资带来的不稳定因素，推进非法集资行政处置法治化，均具有重要意义。

本章共十一条（第十九条至第二十九条）。主要内容包括对涉嫌非法集资案件的“组织调查认定权”“调查措施”“调查程序”“清退集资资金程序”“处置决定制度”“行政执法和刑事司法衔接机制”。通过对非法集资采用经济、信用、行政、司法等处置手段，尤其是对非法集资活动中的非法获利和不当得利进行全额追回制度的建立，确保了清退资金以及非法集资案件处置的规范化、制度化和稳妥性。

第十九条　对本行政区域内的下列行为，涉嫌非法集资的，处置非法集资牵头部门应当及时组织有关行业主管部门、监管部门以及国务院金融管理部门分支机构、派出机构进行调查认定：

（一）设立互联网企业、投资及投资咨询类企业、各类交易场所或者平台、农民专业合作社、资金互助组织以及其他组织吸收资金；

（二）以发行或者转让股权、债权，募集基金，销售保险产品，或者以从事各类资产管理、虚拟货币、融资租赁业务等名义吸收资金；

（三）在销售商品、提供服务、投资项目等商业活动中，以承诺给付货币、股权、实物等回报的形式吸收资金；

（四）违反法律、行政法规或者国家有关规定，通过大众传播媒介、即时通信工具或者其他方式公开传播吸收资金信息；

（五）其他涉嫌非法集资的行为。

【本条宗旨】

本条是关于涉嫌非法集资案件的组织调查认定的规定，通过明确对涉嫌非法集资案件的组织调查认定范围，保障处置非法集资能够及时查处和准确认定。

【内容解读】

本条处置非法集资牵头部门组织有关部门对涉嫌非法集资案件进行调查认定范围类型的规定，从设立企业吸收资金到借从事业务名义吸收资金再到商业活动变相吸收资金及违反规定传播吸收资金信息，列举了从重到轻的吸收资金的类型。主要包括以下内容：

一是确立了组织调查涉嫌非法集资案件的主体为处置非法集资牵头部门。处置非法集资牵头部门不仅是组织有关部门进行调查认定的主体，而且还是行使对涉嫌非法集资案件的调查主体。其调查主体为处置非法集资牵头部、有关行业主管部门、监管部门以及国务院金融管理部门分支机构、派出机构。例如，涉及银行的，组织银保监局；涉及即时通信工具的，组织电信部门等。

二是组织调查涉嫌非法集资行为受本行政辖区的限制，一般仅限于本行政辖区发生的涉嫌非法集资行为，坚持了以涉嫌非法集资单位注册地及其行为地管辖为原则。涉嫌非法集资行为地包括非法集资行为的发生地和结果地。对涉嫌非法集资行为的组织调查实行属地管辖，这与防范和处置非法集资的履行属地职责相一致。地方各级人民政府对非法集资要有效落实属地管理职责，充分发挥资源统筹调动、靠近基层一线优势，属地管辖与政府承担主体责任相统一。处置非法集资职能部门应当及时对本行政区域内涉嫌非法集资行为进行组织调查。

三是组织调查涉嫌非法集资主要针对五项内容进行。

其内容为：以设立互联网企业、投资及投资咨询类企业、各类交易场所或者平台、农民专业合作社、资金互助组以及其他组织吸收资金；以发行或者转让股权、债权，募集基金，销售保险产品，或者以从事各类资产管理、虚拟货币、融资租赁业务等名义吸收资金；在销售商品、提供服务、项目投资等商业活动中，以承诺给付货币、股权、实物等回报的形式吸收资金；违反法律、行政法规或者国家有关规定，通过大众传播媒介、即时通信工具或者其他方式公开传播吸收资金信息；其他涉嫌非法集资的行为。对此需要注意区分以从事各类资产管理、虚拟货币、融资租赁业务等“名义”吸收资金，不同于以发行或者转让股权、债权，募集基金，销售保险产品，强调的以此为名义，并非从事各类资产管理、虚拟货币、融资租赁业务涉嫌的非法集资。

四是组织调查涉嫌非法集资后的认定。处置非法集资牵头部门根据上述涉嫌非法集资涉及的行业、领域组织行业主管部门、监管部门或者国务院金融管理部门分支机构、派出机构进行调查认定，而非处置非法集资牵头部门来独立认定。对于涉及银行业金融机构、非银行支付机构的，由处置非法集资牵头部门组织银保监局调查认定；涉及证券期货的，由处置非法集资牵头部门组织银保监局会同证监局调查认定；涉及广告企业的，由处置非法集资牵头部门会同市场监督局以及有关部门认定；等等。

【实务要点】

一般而言，对于一般涉嫌非法集资行为，由县级人民政府确定的处置非法集资职能部门组织调查，对于复杂、重大的非法集资行为，应由地市以上处置非法集资牵头部门组织调查。对于案情复杂、涉及面广、调查难度大的涉嫌非法集资案件，可由省级人民政府组织有关部门参加的联席会议，成立联合调查组，确保牵头部门和参与部门有效开展联合调查认定。

需要注意的是，以从事各类资产管理、虚拟货币、融资租赁业务的名义吸收资金，即打着“资产管理、虚拟货币、融资租赁业务”的形式旗号，实质上规范的是吸收资金的行为，而非这些业务本身。对于虚拟货币尤其是比特币等，2013 年 12 月 5 日，中国人民银行等五部委联合发布《关于防范比特币风险的通知》（银发〔2013〕289 号）指出：“代币发行融资是指融资主体通过代币的违规发售、流通，向投资者筹集比特币、以太币等所谓‘虚拟货币’，本质上是一种未经批准非法公开融资的行为，涉嫌非法发售代币票券、非法发行证券以及非法集资、金融诈骗、传销等违法犯罪活动。”深圳仲裁委员会于2018年8月21日作出的（2018）深仲裁字第64号仲裁裁决“认可”的比特币财产属性的仲裁案裁决被2020年4月26日深圳市中级人民法院民事裁定书（2018）粤03民特719号以该案违反社会公共利益为由撤销。其认为，上述通知实质上禁止了比特币的兑付、交易及流通，炒作比特币等行为涉嫌从事非法金融活动，扰乱金融秩序，影响金融稳定。涉案仲裁裁决高某宇赔偿李某与比特币等值的美元，再将美元折算成人民币，实质上是变相支持了比特币与法定货币之间的兑付、交易，与上述通知精神不符，违反了社会公共利益，该仲裁裁决应予撤销。对此应与数字货币区别对待。

另外，本条的组织调查认定类型为“吸收资金”，而非一般的非法经营，对于基于本《条例》第二条、第三十九条涉及非法金融业务活动不好区分的，可以“其他涉嫌非法集资的行为”予以兜底。

【参考依据】

《关于加强私募投资基金监管的若干规定》（2020年12月30日）

第六条　私募基金管理人、私募基金销售机构及其从业人员在私募基金募集过程中不得直接或者间接存在下列行为：

（一）向《私募办法》规定的合格投资者之外的单位、个人募集资金或者为投资者提供多人拼凑、资金借贷等满足合格投资者要求的便利；

（二）通过报刊、电台、电视、互联网等公众传播媒体，讲座、报告会、分析会等方式，布告、传单、短信、即时通讯工具、博客和电子邮件等载体，向不特定对象宣传推介，但是通过设置特定对象确定程序的官网、客户端等互联网媒介向合格投资者进行宣传推介的情形除外；

（三）口头、书面或者通过短信、即时通讯工具等方式直接或者间接向投资者承诺保本保收益，包括投资本金不受损失、固定比例损失或者承诺最低收益等情形；

（四）夸大、片面宣传私募基金，包括使用安全、保本、零风险、收益有保障、高收益、本金无忧等可能导致投资者不能准确认识私募基金风险的表述，或者向投资者宣传预期收益率、目标收益率、基准收益率等类似表述；

（五）向投资者宣传的私募基金投向与私募基金合同约定投向不符；

（六）宣传推介材料有虚假记载、误导性陈述或者重大遗漏，包括未真实、准确、完整披露私募基金交易结构、各方主要权利义务、收益分配、费用安排、关联交易、委托第三方机构以及私募基金管理人的出资人、实际控制人等情况；

（七）以登记备案、金融机构托管、政府出资等名义为增信手段进行误导性宣传推介；

（八）委托不具有基金销售业务资格的单位或者个人从事资金募集活动；

（九）以从事资金募集活动为目的设立或者变相设立分支机构；

（十）法律、行政法规和中国证监会禁止的其他情形。

私募基金管理人的出资人、实际控制人、关联方不得从事私募基金募集宣传推介，不得从事或者变相从事前款所列行为。

私募基金募集完毕，私募基金管理人应当按照规定到基金业协会履行备案手续。私募基金管理人不得管理未备案的私募基金。

第二十条 对跨行政区域的涉嫌非法集资行为，非法集资人为单位的，由其登记地处置非法集资牵头部门组织调查认定；非法集资人为个人的，由其住所地或者经常居住地处置非法集资牵头部门组织调查认定。非法集资行为发生地、集资资产所在地以及集资参与人所在地处置非法集资牵头部门应当配合调查认定工作。

处置非法集资牵头部门对组织调查认定职责存在争议的，由其共同的上级处置非法集资牵头部门确定；对跨省、自治区、直辖市组织调查认定职责存在争议的，由联席会议确定。

【本条宗旨】

本条是关于非法集资案件组织调查认定管辖问题的规定，通过明确对涉嫌非法集资案件的组织调查认定管辖范围，保障处置非法集资能够及时调查认定。

【内容解读】

本条共两款，明确了处置非法集资牵头部门对跨行政区域的涉嫌非法集资行为组织调查认定的职责，确立了涉嫌非法集资组织调查认定权限范围及其争议确定组织调查认定职责的主体。

第一款规定了跨行政区域的涉嫌非法集资行为组织调查认定的管辖权以及调查协作配合职责。“跨行政区域的涉嫌非法集资行为”是指跨省（市、区），省内跨市（州）、跨县（市、区）的涉嫌非法集资案件组织调查认定的非法集资行为。包括两方面的内容：

一是对于跨行政区域的涉嫌非法集资行为，非法集资人为单位的，由其登记地处置非法集资牵头部门组织调查认定。登记地是指营业执照上的地址。法人以其主要办事机构所在地为住所。依法需要办理法人登记的，应当将主要办事机构所在地登记为住所。公司登记地在涉案地区的，由公司登记地的处置非法集资职能部门牵头负责；公司登记地不在涉案地区的，一般也由公司登记地的处置非法集资职能部门牵头负责。非法集资人为个人的，由其住所地或者经常居住地处置非法集资牵头部门组织调查认定。个人是指自然人，自然人的住所是指自然人生活和进行民事活动的主要场所。住所与居所不同。居所指自然人暂时生活和进行民事活动的场所。一个自然人可以有多个居所，但是只能有一个住所。《民法典》第二十五条规定："自然人以户籍登记或者其他有效身份登记记载的居所为住所；经常居所与住所不一致的，经常居所视为住所。""经常居住地"是指公民离开住所地至起诉时已连续居住一年以上的地方，但公民住院就医、上学的地方除外。

二是对跨省（区、市）的非法集资行为组织调查认定，按照上述规定管辖，相关处置非法集资牵头部门积极配合并负责本辖区工作。其中，对于拥有管辖权的处置非法集资牵头部门组织调查认定非法集资的，非法集资行为发生地、集资资产所在地以及集资参与人所在地处置非法集资牵头部门配合开展调查工作，为调查提供条件和配合调查开展工作。

第二款规定了组织调查认定权争议或者分歧的处置程序。对于本行政区域内处置非法集资牵头部门对组织调查认定职责存在争议的，由其共同的上级处置非法集资牵头部门确定。对于跨省、自治区、直辖市组织调查认定职责存在争议的，由联席会议确定。对处置非法集资牵头部门组织调查认定有异议的，可以申请复核。对于推诿或者不配合的，由上级处置非法集资牵头部门指定组织调查认定。

【实务要点】

对案情复杂、涉及面广、调查难度大的涉嫌非法集资行为，由省级人民政府组织召开有关部门参加联席会议，必要时，可以成立联合调查组，确定调查认定部门和参与部门，开展联合调查取证。从防范和处置非法集资“做到早发现、早预防、早处置”的要求来看，多个处置非法集资牵头部门均有组织调查认定权的，应当以案发地区先组织调查的处置非法集资牵头部门进行调查，必要时，也可以由主要集资地或者非法集资主要营业地管辖。本条没有明确规定组织调查认定涉嫌非法集资行为的立案、审批等相关程序，但实践中应当在组织调查认定涉嫌非法集资行为时，按照受理、审批、调查、立案、认定和处置等步骤和程序进行。对此，可按照《处置非法集资工作操作流程（试行）》执行。

非法集资涉及集资人、集资协助人以及集资参与人，还包括集资发起人、组织人和实施人等，且集资行为存在发生地、集资资产所在地等处于不同地区的，处置非法集资牵头部门均有组织调查认定权，该情况一般应先协商解决，也可由先行组织调查处置非法集资牵头部门进行组织调查，或者由涉案金额最多的处置非法集资牵头部门组织调查认定，其他处置非法集资牵头部门予以协助，以期有利于资金清退。

第二十一条　处置非法集资牵头部门组织调查涉嫌非法集资行为，可以采取下列措施：

（一）进入涉嫌非法集资的场所进行调查取证；

（二）询问与被调查事件有关的单位和个人，要求其对有关事项作出说明；

（三）查阅、复制与被调查事件有关的文件、资料、电子数据等，对可能被转移、隐匿或者毁损的文件、资料、电子设备等予以封存；

（四）经处置非法集资牵头部门主要负责人批准，依法查询涉嫌非法集资的有关账户。

调查人员不得少于2人，并应当出示执法证件。

与被调查事件有关的单位和个人应当配合调查，不得拒绝、阻碍。

【本条宗旨】

本条是关于处置非法集资牵头部门组织调查涉嫌非法集资行为可采用措施的规定，旨在保障处置非法集资牵头部门组织调查能够正常进行，并通过采用这些措施收集、固定涉及非法集资证据信息材料。

【内容解读】

本条共有三款，赋予处置非法集资牵头部门组织调查权，规定了处置非法集资牵头部门可采用组织调查措施的种类、实施的程序和采用特殊调查措施的审批方式。

第一款规定了处置非法集资牵头部门对涉嫌非法集资行为调查的权力。这些措施是保证其组织调查顺利进行的必要手段，也是规范其组织调查认定的规定。主要包括调查取证、询问、查阅、复制、封存、查询等措施。具体内容如下：

一是现场调查取证。调查取证是指处置非法集资牵头部门进入涉嫌非法集资场所，向有关单位、个人进行调查有关涉嫌非法集资的行为。在涉及金融类事件中存在行政检查，其检查措施一般包括非现场监管和现场检查。非现场监管是指被监管单位或者组织、个人报送相关数据、材料等。监管部门通过对报送的资料汇总、分析，对其的业务活动进行全面、连续的监控，从而掌握其运行状况、存在的突出问题和风险因素。非现场监管可以为现场检查提供预警，明确现场检查的对象和重点，以便及时采取防范和纠正措施。而现场检查是指派专人进驻涉案单位或者组织，对其业务经营情况实施全面或专项的检查和评价，旨在能够从财务报表和业务统计报表等信息资料中发现隐蔽性的问题。针对本项规定而言，处置非法集资牵头部门组织有关部门进入涉嫌非法集资的经营场所或者其他有关场所进行调查不仅属于一种执法行为，其涉嫌非法集资场所的人员不得阻拦、阻碍或者拒绝、拖延，否则属于妨碍公务；同时，也是一种取证行为，收集涉嫌非法集资的证据信息材料。其中，场所包括经营场所和其他有关场所。经营场所是指涉嫌非法集资行为活动的处所，是调查涉嫌非法集资的重要场所，也是判断非法集资款主要证据所在地。“其他有关场所”是指涉嫌非法集资行为有关的场所，也是存留与涉嫌非法集资证据资料有关的场所。处置非法集资牵头部门组织调查应当依法进行，应当持证明文件、出示执法证件，并说明情况。组织调查不得影响或者干扰其正常经营活动，涉嫌非法集资场所的人员不得以影响生产经营为由无故阻碍调查。

二是询问。询问是调查人员依照法定程序以言词方式向涉嫌非法集资有关单位和人员了解被调查情况的措施。询问的对象既包括涉嫌非法集资单位和个人（非法集资人、集资协助人），也包括与涉嫌非法集资有牵连的其他有关人员（如集资参与人以及非法集资的知情人员、证人等）。询问可以到询问对象的所在单位或者住处进行，应当出示处置非法集资牵头部门的证明文件。询问人员不得少于二人，一般应当个别进行。首先，告知不如实地提供涉及非法集资事件的情况、信息的法律责任，让其就所知道的非法集资情况作连续的详细叙述。然后，向其提出与非法集资有关的问题，让其说明。调查询问人员对其询问活动应当制作笔录，交被询问人核对或者向他宣读，让其签字；拒绝签字的，应当予以说明。必要时，需要见证人签字或者录音录像。

三是查阅、复制与封存相关文件、资料和电子数据（设备）。调查人员有权查阅、复制与被调查非法集资有关的文件、资料、电子数据。对于电子数据应当确保其有据性、准确性、完整性、及时性与保密性。其中，封存是针对正在或者可能转移、隐匿、篡改、毁损文件（凭证、会计账簿、财务会计报告）以及其他与集资有关的资料以及电子设备。实施封存措施应当持有处置非法集资牵头部门的证明文件，由两名调查人员实施，应当送达封存通知书。情况紧急的，可事后送达通知书。封存通知书一般包括以下内容：被调查单位或者个人名称、封存依据、封存资料或者资产的名称、数量等、封存期限、被调查单位救济途径和期限以及调查部门的名称、印章和日期。对电子数据调查可参照 2016 年“两高”“一部”《关于办理刑事案件收集提取和审查判断电子数据若干问题的规定》执行。

四是查询涉嫌非法集资的有关账户。查询涉嫌非法集资的有关账户需要经过处置非法集资牵头部门负责人批准，金融机构的协助。金融机构依照有关法律或行政法规的规定以及查询的要求，将单位或个人存款的金额、币种以及其他存款信息告知查询部门的行为。查询涉嫌非法集资的有关账户时，应当持处置非法集资牵头部门的查询函或者通知书和执法证件。一般而言，查询的资料应限于存款资料，包括被查询单位或个人开户、存款情况以及与存款有关的会计凭证、账簿、对账单等资料。

第二款规定了采取调查措施的程序。处置非法集资牵头部门调查涉嫌非法集资行为采取措施，应当呈报负责人批准，按照法定程序进行。实施前，应当制作申请书，申请书应当载明被调查者名称、涉案的案件性质、所需采用的措施及其采取措施的场所、时间等内容，应当由处置非法集资牵头部门负责人或者分管人签字。对其他事项，可以呈请置非法集资牵头部门分管人批准或者备案，持有处置非法集资牵头部门证明文件实施措施。

对于书面批准文件，可作为内卷存卷备查。在调查中，调查人员调查实行回避制度，与案件或者被调查人员有利害关系或者利益的，应当不参与调查，以维护调查的公正性。其调查具体程序为：调查人员不得少于 2 人，应当出示执法证件，并做笔录或者采用录像方式。必要时，也可以聘请专业人员进行协助。执法证件是经考试合格，具备行政执法资格，按照规定程序领取执法证，是执法人员具有执法资格和表明执法身份的有效证明，限于其本人在实施执法时使用。执法人员依法在本机关职权范围内开展跨行政区域执法，或者参加上级行政执法机关依法组织的跨行政区域行政执法的，也可以使用其持有的执法证。禁止涂改、复制、转借或者以其他违法方式使用执法证。

第三款规定了与被调查事件有关单位和个人的协助义务。与被调查事件有关的单位和个人应当配合调查，不得拒绝、阻碍，也不得拖延。如查询涉嫌非法集资的有关账户，金融机构应当如实提供，根据需要可以抄录、复制、照相，但不得带走原件。处置非法集资牵头部门向有关单位、个人调查涉嫌非法集资时，不仅需要出示执法证件，还需要告知其调查的内容，告知不履行配合调查的法律后果，并依照法定程序和确定的调查范围进行。必要时，其调查可以通过执法仪等进行全程录音录像，以保证调查程序的合法性。被调查对象或者有关人员应当协助、配合调查，不得有意拖延、阻挠、干扰案件的调查。对于拒绝、阻碍的，可以依法采取其他措施或者要求其他机关协助，排除妨碍。

【实务要点】

调查措施尽管不涉及人身自由，但因措施的实施涉及单位或者个人的财产和经营场所，实施中需要慎重，应当持有批准的文件，按照法定程序实施。除《条例》第五条规定的需要经过处置非法集资牵头部门负责人批准外，也需要事前呈报，由部门负责人批准或者备案，并拥有符合内部规定的证明文件，实施中注意保护被调查人的合法权益，避免实施措施给被调查人带来不应当的负面效应或者影响其正常的经营活动。对有证据证明已经或者可能转移或者隐匿非法集资资金的，通知有权机关要求金融机构对相关账户资金紧急止付。“有证据证明”是指有证据材料证明发生了非法集资事实；有证据证明该非法集资事实是被调查单位或者被调查人实施的；证明非法集资单位或者个人实施非法集资行为的证据已有查证属实的。因为紧急止付涉及被调查单位的信用，对于符合止付条件的，有权机关应将加盖电子签章的紧急止付指令，以报文形式通过管理平台发送至止付账户开户行总行或支付机构，止付账户开户行总行或支付机构通过本单位业务系统，对相关账户的户名、账号、汇款金额和交易时间进行核对后确定。同时，还应当注意以下措施的区别，以便实施中正确使用。

询问与函询的区别。函询主要涉及谈话函询，是指通过谈话、发函的形式对问题线索进行处置的一种方式。包含谈话和函询两种方式，区别在于谈话是面对面的，函询则是书面的。谈话和函询可分别使用，也可叠加使用。适用谈话函询的线索主要是反映的问题具有一般性，查清了只能给予轻处分或批评教育，或者反映问题不实而予以澄清的；如反映问题笼统，多为道听途说或主观臆测，则难以查证核实的线索。

查封与封存的区别。查封一般使用在对非法集资事实认定不是很明确的情况下，当场无法定性时可以使用查封与登记保存，待情况落实后进一步处理。封存包括查封和扣押。查封是就地封存；扣押是异地封存。封存是在行政执法过程中对涉嫌违法物品采取的强制措施。

登记保存也是一种强制措施。登记保存的期限不能超过期限；被登记保存物品的地点可以是物品的存放地点，也可以是物品所有人或持有人所在地；可以是处置非法集资牵头部门另行指定的地点，也可以是被封存物品的检查地点。而扣押物品的存放地点，应当是处置非法集资牵头部门所在地。

对于不同的调查措施，因为涉及强制性的强度不同，需要采用不同的审批程序，一般调查措施需要经过处置非法集资牵头部门的实施调查的部门负责人批准；对于查封等需要经过处置非法集资牵头部门负责人或者分管人批准。如果程序违法或者超出批准的范围，可能会造成调查行为无效，最终影响查处的效率。

目前，我国还没有出台行政程序法，对于调查程序应当按照其他有关法律法规进行。处置非法集资牵头部门调查涉嫌非法集资行为应当按照2008年9月27日处置非法集资部际联席会议《处置非法集资工作操作流程（试行）》规定执行，严格依照法定程序进行，同时应依法收集与非法集资有关的证据，包括电子数据、视听资料、书证、物证、证人证言、当事人陈述、鉴定意见、检验报告、勘验笔录、现场笔录、询问笔录等。需要其他单位协助调查、取证的，应当出具委托或者协助调查函。处置非法集资牵头部门在调查取证过程中，应当要求被调查者在笔录或者其他材料上签字、捺指印、盖章或者以其他方式确认。被调查者拒绝到场，拒绝签字、捺指印、盖章或者以其他方式确认，或者无法找到被调查者的，应当由两名调查人员在笔录或者其他材料上注明原因，并邀请有关人员作为见证人签字或者盖章，也可以采取录音、录像等方式记录。

对于两个调查人员是否均需具有执法证件问题。目前基于编制的限制，其中一名调查人员可能因不是行政人员或者是协助执法人员，对其是否能够参与执法调查存在不同意见。一般来说，其调查人员应为两人，一是防止一名调查人员对其执法的合法性难以说明；二是两人可以起到相互监督的作用。基于此，对于两人中其中一人没有执法证件的，可作为协助进行调查。对于被调查者以及有关单位和个人认为调查超越职权、未依法进行或者本单位和个人不属于调查对象的，可以提出意见，但依然需要配合处置非法集资牵头部门依法进行调查。配合后，可依法向处置非法集资牵头部门提出异议，或者向其上级牵头部门和纪检监察部门提出意见。

【参考依据】

《行政强制法》（2011 年 6 月 30 日）

第十八条 行政机关实施行政强制措施应当遵守下列规定：

（一）实施前须向行政机关负责人报告并经批准；

（二）由两名以上行政执法人员实施；

（三）出示执法身份证件；

（四）通知当事人到场；

（五）当场告知当事人采取行政强制措施的理由、依据以及当事人依法享有的权利、救济途径；

（六）听取当事人的陈述和申辩；

（七）制作现场笔录；

（八）现场笔录由当事人和行政执法人员签名或者盖章，当事人拒绝的，在笔录中予以注明；

（九）当事人不到场的，邀请见证人到场，由见证人和行政执法人员在现场笔录上签名或者盖章；

（十）法律、法规规定的其他程序。

第二十二条 查封、扣押应当由法律、法规规定的行政机关实施，其他任何行政机关或者组织不得实施。

第二十三条　查封、扣押限于涉案的场所、设施或者财物，不得查封、扣押与违法行为无关的场所、设施或者财物；不得查封、扣押公民个人及其所扶养家属的生活必需品。

当事人的场所、设施或者财物已被其他国家机关依法查封的，不得重复查封。

第二十四条　行政机关决定实施查封、扣押的，应当履行本法第十八条规定的程序，制作并当场交付查封、扣押决定书和清单。

查封、扣押决定书应当载明下列事项：

（一）当事人的姓名或者名称、地址；

（二）查封、扣押的理由、依据和期限；

（三）查封、扣押场所、设施或者财物的名称、数量等；

（四）申请行政复议或者提起行政诉讼的途径和期限；

（五）行政机关的名称、印章和日期。

查封、扣押清单一式二份，由当事人和行政机关分别保存。

第二十五条第一款　查封、扣押的期限不得超过三十日；情况复杂的，经行政机关负责人批准，可以延长，但是延长期限不得超过三十日。法律、行政法规另有规定的除外。

第二十六条 对查封、扣押的场所、设施或者财物，行政机关应当妥善保管，不得使用或者损毁；造成损失的，应当承担赔偿责任。

对查封的场所、设施或者财物，行政机关可以委托第三人保管，第三人不得损毁或者擅自转移、处置。

因第三人的原因造成的损失，行政机关先行赔付后，有权向第三人追偿。因查封、扣押发生的保管费用由行政机关承担。

第二十七条 行政机关采取查封、扣押措施后，应当及时查清事实，在本法第二十五条规定的期限内作出处理决定。对违法事实清楚，依法应当没收的非法财物予以没收；法律、行政法规规定应当销毁的，依法销毁；应当解除查封、扣押的，作出解除查封、扣押的决定。

《金融机构协助查询、冻结、扣划工作管理规定》

（2002年1月15日）

第八条 办理协助查询业务时，经办人员应当核实执法人员的工作证件，以及有权机关县团级以上（含，下同）机构签发的协助查询存款通知书。

《中国人民银行、工业和信息化部、公安部、国家工商行政管理总局关于建立电信网络新型违法犯罪涉案账户紧急止付和快速冻结机制的通知》（2016年3月18日）

……

2. 紧急止付。公安机关应将加盖电子签章的紧急止付指令，以报文形式通过管理平台发送至止付账户开户行总行或支付机构，止付账户开户行总行或支付机构通过本单位业务系统，对相关账户的户名、账号、汇款金额和交易时间进行核对。核对一致的，立即进行止付操作，止付期限为自止付时点起48小时；核对不一致的，不得进行止付操作。止付银行或支付机构完成相关操作后，立即通过管理平台发送“紧急止付结果反馈报文”。公安机关可根据办案需要对同一账户再次止付，但止付次数以两次为限。

……

第二十二条　处置非法集资牵头部门对涉嫌非法集资行为组织调查，有权要求暂停集资行为，通知市场监督管理部门或者其他有关部门暂停为涉嫌非法集资的有关单位办理设立、变更或者注销登记。

【本条宗旨】

本条是关于处置非法集资牵头部门对涉嫌非法集资行为组织调查的临时性限制措施，旨在避免非法集资进一步扩散，控制和减低非法集资可能带来的损失。

【内容解读】

本条包括两方面的内容：一是处置非法集资牵头部门对涉嫌非法集资行为组织调查，根据实际需要，可以采取暂停集资行为的限制措施。暂停集资行为应当符合一定条件，一般是指集资风险面临传染、输出或者扩大危险或者可能发生系统性或地域性危险的，或者涉及的案情复杂、涉及面广，存在外溢性风险的，一旦放任集资行为继续进行或者不断做大，可能造成社会负面影响，影响社会和谐稳定。因此，应当及时或者通过“函”的方式要求暂停集资行为，并说明原因以及相关的要求。其中，暂停的是集资行为，而非其他的生产经营行为，其前提是存在涉嫌非法集资行为。

二是对于暂停集资行为的，应当及时通知市场监督管理部门或者其他有关部门暂停为涉嫌非法集资的相关单位办理设立、变更或者注销登记。对于其他相关部门包括业务主管部门、监管部门等，应采用“通知”的方式。其中，市场监督管理部门或者其他有关部门接到通知后，应当及时暂停涉嫌非法集资的相关单位办理设立、变更或者注销登记。这里注销登记是基于非法集资的非法行为，与一般企业公司的歇业等原因的注销不同，《条例》可直接作为依据。其他部门主要指具有暂停为办理设立、变更或者注销登记权力的部门，如金融监管部门、私募业协会等。

【实务要点】

对于涉嫌非法集资组织调查采取暂时性限制措施需要谨慎，要根据实际需要把握。其中，针对处置非法集资的需要，而非处置非法集资牵头部门自行调查非法集资的需要，其对象具有限定性，避免影响被调查单位正常经营活动或者被调查人的声誉。非法集资调查过程采取临时约束性措施的目的在于消除非法集资风险隐患以控制非法集资风险的发生，在非法集资风险隐患消失后，调查部门应当及时解除相应的约束性措施，避免对生产经营行为的不当干预。市场监督管理部门或者其他有关部门对于处置非法集资牵头部门暂停为涉嫌非法集资的相关单位办理设立、变更或者注销登记存在不同意见的，应当按照其通知执行，然后提出意见。

《条例》删除了原来规定的对社会公布信息的内容，主要因为这种行为还属于调查过程中的执法行为，其调查也仅限于有关非法集资行为，并非与被调查单位有关，对此应当采取谨慎的态度，以免影响其正常的经营。

【参考依据】

《保险法》（2018 年 12 月 29 日）

第一百三十八条　对偿付能力不足的保险公司，国务院保险监督管理机构应当将其列为重点监管对象，并可以根据具体情况采取下列措施：

（一）责令增加资本金、办理再保险；

（二）限制业务范围；

（三）限制向股东分红；

（四）限制固定资产购置或者经营费用规模；

（五）限制资金运用的形式、比例；

（六）限制增设分支机构；

（七）责令拍卖不良资产、转让保险业务；

（八）限制董事、监事、高级管理人员的薪酬水平；

（九）限制商业性广告；

（十）责令停止接受新业务。

《融资担保公司监督管理条例》（2017年8月2日）

第三十条 监督管理部门发现融资担保公司的经营活动可能形成重大风险的，经监督管理部门主要负责人批准，可以区别情形，采取下列措施：

（一）责令其暂停部分业务；

（二）限制其自有资金运用的规模和方式；

（三）责令其停止增设分支机构。

融资担保公司应当及时采取措施，消除重大风险隐患，并向监督管理部门报告有关情况。经监督管理部门验收，确认重大风险隐患已经消除的，监督管理部门应当自验收完毕之日起3日内解除前款规定的措施。

第二十三条 经调查认定属于非法集资的，处置非法集资牵头部门应当责令非法集资人、非法集资协助人立即停止有关非法活动；发现涉嫌犯罪的，应当按照规定及时将案件移送公安机关，并配合做好相关工作。

行政机关对非法集资行为的调查认定，不是依法追究刑事责任的必经程序。

【本条宗旨】

本条是关于非法集资调查认定和处理程序的规定，旨在为清理和做好非法集资的处置提供依据。

【内容解读】

本条共两款。第一款规定了处置非法集资的程序，包括两方面的内容：

一方面，对于依法调查核实后，认为构成非法集资，认定为非法集资的，应当作出决定。处置非法集资牵头部门不仅作出非法集资的认定，还应责令集资人、非法集资协助人立即停止有关非法活动。其责令应当采用决定书形式。决定书应载明责令集资人、集资协助人立即停止相关非法集资活动的内容。其中包括与非法集资相关的活动，如广告宣传等。

另一方面，非法集资涉嫌犯罪的，处置非法集资牵头部门应当按照规定及时将案件移送公安机关，并配合做好相关工作。处置非法集资牵头部门发现的涉嫌犯罪案件移送公安机关处理，保障非法集资查处工作的行政与刑事衔接，为加快构建行政处置与司法打击并重并举、有机衔接新格局提供依据。主要内容包括三个方面：

一是移送的是认为构成非法集资犯罪的案件。非法集资犯罪不是法定的罪名，是对集资类犯罪的总称。根据《刑法》和司法解释的有关规定，非法集资类犯罪共涉及刑法的七个罪名。这些罪名分别为：《刑法》第一百六十条规定的欺诈发行证券罪，第一百七十四条第一款规定的擅自设立金融机构罪，第一百七十六条规定的非法吸收公众存款罪，第一百七十九条规定的擅自发行股票、公司、企业债券罪，第一百九十二条规定的集资诈骗罪，第二百二十四条之一规定的组织、领导传销活动罪以及第二百二十五条规定的非法经营罪。对非法集资涉嫌犯罪的应当按照刑法的犯罪构成和《关于审理非法集资刑事案件具体应用法律若干问题的解释》以及其犯罪的立案标准判断。其中，涉嫌非法集资犯罪，一般按照涉嫌非法集资的吸收公众存款罪的罪名移送，因为其查处的是“吸收资金行为”。

二是处置非法集资牵头部门应当按照规定及时将案件移送公安机关。其中仅仅要求按照“规定”，而没有规定依法或者按照法律法规等。因为移送的规定有些是政策性的文件，有些是规范性文件，因此，其规定不仅包括《行政执法机关移送涉嫌犯罪案件的规定》《关于加强行政执法与刑事司法衔接工作的意见》，也包括其他相关法律法规规章以及规范性文件的规定，还包括本《条例》。

处置非法集资牵头部门向公安机关移送的涉嫌非法集资犯罪案件，应当指定 2 名或者 2 名以上执法人员组成专案组专门负责，核实情况后提出移送涉嫌非法集资犯罪案件的书面报告，报经处置非法集资牵头部门负责人审批。处置非法集资牵头部门的负责人自接到报告之日起 3 日内作出批准移送或者不批准移送的决定。决定批准的，应当在 24 小时内向同级公安机关移送；决定不批准的，应当将不予批准的理由记录在案。处置非法集资牵头部门向公安机关移送涉嫌犯罪案件，应当附有下列材料：（1）非法集资的认定书及其涉嫌犯罪案件移送书；（2）涉嫌非法集资犯罪案件情况的调查报告；（3）涉案物品清单；（4）有关物证、书证、视听资料、电子数据等证据材料；（5）其他有关涉嫌非法集资犯罪的证据材料等。

处置非法集资牵头部门逾期不将案件移送公安机关的，由本级或者上级人民政府，或者上级处置非法集资牵头部门，责令限期移送，并对其负责人或者主持工作的负责人根据情节轻重，给予记过以上的行政处分；构成犯罪的，依法追究刑事责任。处置非法集资牵头部门对应当向公安机关移送的案件不移送，或者以行政处置代替移送的，由本级或者上级人民政府，或者上级处置非法集资职能部门，责令改正，给予通报；拒不改正的，对其负责人或者责任人给予记过以上的行政处分；构成犯罪的，依法追究刑事责任。

三是案件移送以后并非工作完成，处置非法集资牵头部门还需要做一些配合工作。公安机关要积极统筹调配力量，抓住重点环节，会同有关部门综合采取措施，及时发现并快速、全面、深入立案侦办非法集资案件，提高打击非法集资犯罪的效能。处置非法集资牵头部门要全力配合，依法开展涉案非法集资资产查封、资金账户查询和冻结等协助工作。对于审查后认为未有集资犯罪事实发生或者不需要追究刑事责任的，作出不立案决定，并将案卷材料退回处置非法集资牵头部门。处置非法集资牵头部门可依法作出处理，如行政处罚等。

第二款对行政机关对非法集资行为的调查认定程序的效力范围作出了规定。这种行政调查认定不是依法追究刑事责任的必经程序。对非法集资的性质认定由处置非法集资牵头部门依法组织认定。一般而言，对于法律规定明确、性质无争议的非法集资案件，公安、司法机关可依职权直接认定和处理。公安、司法机关认为需要处置非法集资牵头部门或者行业主（监）管部门出具行政认定意见的，牵头部门和相关行业主（监）管部门应根据证据材料作出行政认定意见。需要注意的是，公安、司法机关依职权认定的是非法集资涉嫌犯罪，而非行政违法上的非法集资。基于行政与刑事司法衔接机制和行政手段处置非法集资优先的要求，对于非法集资一般应先有行政认定，然后进行犯罪认定，行政管理起到从源头治理的作用，特殊情况例外。但是，行政机关未对非法集资作出性质认定的，不影响非法集资刑事案件的侦查、起诉和审判。公安机关、人民检察院、人民法院应当依法认定案件事实的性质，对于案情复杂、性质认定疑难的案件，可参考有关部门的认定意见，根据案件事实和法律规定直接作出性质认定。

对此规定应当结合2014年《最高人民法院、最高人民检察院、公安部关于办理非法集资刑事案件适用法律若干问题的意见》规定的“行政部门对于非法集资的性质认定，不是非法集资刑事案件进入刑事诉讼程序的必经程序。行政部门未对非法集资作出性质认定的，不影响非法集资刑事案件的侦查、起诉和审判”一起理解。一方面，是行政部门与行政机关不同表述，以及非法集资“行为”调查认定与“性质”认定的区别；另一方面，非法集资涉嫌犯罪案件也应当寻找其违反国家金融管理法律法规，说明违反哪些金融管理法律法规，需要进一步具体说明其犯罪行为违反了何种法律法规及条款，并通过前置法对法定犯违法性解释来体现罪刑法定原则和非法集资类犯罪的行政犯本质，避免非法集资犯罪的司法权扩张，改变以往的做法。1996年最高人民法院首次将“非法”界定为“未经有权机关批准”，但该标准适用过于狭窄。2010年将“非法”扩大为“未经有关部门依法批准或者借用合法经营的形式吸收资金”，又因法律位阶较高，难以满足现实的需要。2014 年《最高人民法院、最高人民检察院、公安部关于办理非法集资刑事案件适用法律若干问题的意见》将非法集资犯罪的认定仅仅依据《刑法》和司法解释的“四性”独立判断，不再考量前置的金融管理法律法规，这是因为当时的《商业银行法》《取缔办法》（已废止）等规定比较原则且笼统，即使考量也无法为具体的行为认定提供指引。这里的行政调查认定不是依法追究刑事责任的必经程序，并不排除国家金融管理法律法规作为非法集资犯罪的行政犯依据。即使是国家金融管理部门的规章不是非法集资犯罪的依据，但其规章制定的依据应当是认定行政犯的法律法规，犯罪认定应当追本溯源，寻找规章的制定依据，其制定依据依然是判断行政犯的依据。如果其规章制定没有依据，其合法性值得考虑，当然不能作为判定犯罪的依据。

【实务要点】

处置非法集资牵头部门发现的涉嫌犯罪案件移送公安机关的，应当按照《最高人民检察院、公安部关于公安机关管辖的刑事案件立案追诉标准的规定（二）》（法发〔2010〕22号）确定是否需要移送。对于需要移送的，应当按照《中共中央办公厅、国务院办公厅关于加强行政执法与刑事司法衔接工作的意见》、2020年国务院《行政执法机关移送涉嫌犯罪案件的规定》执行。公安机关接受移送的非法集资的案件应当按照《公安机关受理行政执法机关移送涉嫌犯罪案件规定》以及《最高人民检察院、公安部关于公安机关办理经济犯罪案件的若干规定》等相关规定执行。公安机关接受处置非法集资牵头部门移送的涉嫌非法集资犯罪案件后，移送材料符合相关规定的，应当在3日以内进行审查并决定是否立案，至迟应当在10日以内作出决定。案情重大、疑难、复杂或者跨区域性的，经县级以上公安机关负责人批准，应当在30日以内决定是否立案。情况特殊的，经上一级公安机关负责人批准，可以再延长30日作出决定。公安机关不接受移送的涉嫌非法集资犯罪案件，或者逾期不作出立案或者不予立案的决定的，除由人民检察院依法实施立案监督外，由本级或者上级人民政府责令改正，对其负责人根据情节轻重，给予记过以上的行政处分；构成犯罪的，依法追究刑事责任。

需要注意的是，处置非法集资牵头部门在处置非法集资案件时，认为不涉嫌犯罪或未达到犯罪规定要求的，可以进行行政处罚。但发现涉嫌非法集资犯罪的，能否行政处罚后再移送公安机关？根据《行政执法机关移送涉嫌犯罪案件规定》的规定，行政机关在依法查处违法过程中，只要发现违法事实涉及的金额、违法事实的情节、违法事实造成的后果等涉嫌构成犯罪的，就应当依法移送，而不是行政处罚后再移送公安机关。但在处罚后认为构成犯罪，不影响移送。

【参考依据】

《行政执法机关移送涉嫌犯罪案件的规定》（2020年8月7日）

第十六条 行政执法机关违反本规定，逾期不将案件移送公安机关的，由本级或者上级人民政府，或者实行垂直管理的上级行政执法机关，责令限期移送，并对其正职负责人或者主持工作的负责人根据情节轻重，给予记过以上的处分；构成犯罪的，依法追究刑事责任。

行政执法机关违反本规定，对应当向公安机关移送的案件不移送，或者以行政处罚代替移送的，由本级或者上级人民政府，或者实行垂直管理的上级行政执法机关，责令改正，给予通报；拒不改正的，对其正职负责人或者主持工作的负责人给予记过以上的处分；构成犯罪的，依法追究刑事责任。

对本条第一款、第二款所列行为直接负责的主管人员和其他直接责任人员，分别比照前两款的规定给予处分；构成犯罪的，依法追究刑事责任。

第十七条　公安机关违反本规定，不接受行政执法机关移送的涉嫌犯罪案件，或者逾期不作出立案或者不予立案的决定的，除由人民检察院依法实施立案监督外，由本级或者上级人民政府责令改正，对其正职负责人根据情节轻重，给予记过以上的处分；构成犯罪的，依法追究刑事责任。

对前款所列行为直接负责的主管人员和其他直接责任人员，比照前款的规定给予处分；构成犯罪的，依法追究刑事责任。

《最高人民法院关于审理民间借贷案件适用法律若干问题的规定》（2020 年 12 月 29 日）

第五条第一款　人民法院立案后，发现民间借贷行为本身涉嫌非法集资犯罪的，应当裁定驳回起诉，并将涉嫌非法集资等犯罪的线索、材料移送公安或者检察机关。

《最高人民法院、最高人民检察院、公安部关于办理非法集资刑事案件适用法律若干问题的意见》（2014年3月25日）

……

为解决近年来公安机关、人民检察院、人民法院在办理非法集资刑事案件中遇到的问题，依法惩治非法吸收公众存款、集资诈骗等犯罪，根据刑法、刑事诉讼法的规定，结合司法实践，现就办理非法集资刑事案件适用法律问题提出以下意见：

一、关于行政认定的问题

行政部门对于非法集资的性质认定，不是非法集资刑事案件进入刑事诉讼程序的必经程序。行政部门未对非法集资作出性质认定的，不影响非法集资刑事案件的侦查、起诉和审判。

公安机关、人民检察院、人民法院应当依法认定案件事实的性质，对于案情复杂、性质认定疑难的案件，可参考有关部门的认定意见，根据案件事实和法律规定作出性质认定。

……

第二十四条　根据处置非法集资的需要，处置非法集资牵头部门可以采取下列措施：

（一）查封有关经营场所，查封、扣押有关资产；

（二）责令非法集资人、非法集资协助人追回、变价出售有关资产用于清退集资资金；

（三）经设区的市级以上地方人民政府处置非法集资牵头部门决定，按照规定通知出入境边防检查机关，限制非法集资的个人或者非法集资单位的控股股东、实际控制人、董事、监事、高级管理人员以及其他直接责任人员出境。

采取前款第一项、第二项规定的措施，应当经处置非法集资牵头部门主要负责人批准。

【本条宗旨】

本条是关于非法集资涉案财产保全性限制措施和非法集资有关人员控制的规定，旨在控制非法集资涉案资产的流失与人员的“跑路”。

【内容解读】

本条共有两款，规定了对涉案资产可以采取“保全性”措施和对有关非法集资人员采用边控措施。旨在为处置非法集资牵头部门应当依法、稳妥清退集资资金等善后处置工作的开展奠定了基础。

第一款规定了对非法集资的涉案资产采取保全措施的主体和具体措施。所谓对非法集资涉案财产保全，是指因非法集资人、非法集资协助人的行为或者其他原因，其对非法集资的涉案资产转移、隐匿、变卖等流转或者流失，可能造成非法集资的财产难以追回或者可能使处置非法集资牵头部门将来处置非法集资涉案资产无法或者难以处置时，对有关财产所采取的保护性措施。主要包括采取查封、扣押或者法律法规规定的其他措施。这些措施包括：

一是查封非法集资的场所以及查封、扣押涉案的有关资产。这里的查封、扣押是对涉案资产使用权的限制。它与调查措施的查封、扣押的程序基本相同，其中仅仅涉及处置的非法集资有关资产。涉案有关资产，是指调查认定非法集资后以依法扣押、调取、抽样取证、追缴、收缴等方式保全的非法集资的财物。扣押、查封是为了防止非法集资的单位或者组织、个人处分、转移财产而对非法集资有关的财产采取的扣留、保管的措施。其中查封是指对财产所有人的动产或不动产或者场所就地封存、贴上封条，不允许任何机关和个人使用和处分，以防止转移隐匿或毁损丢失，以待进一步处置的措施。扣押是指处置非法集资牵头部门强制扣押涉案当事人财产，限制其占有和处分的措施。其主要区别是：查封一般是对不可移动的财物就地封存；而扣押是将可移动的财产转移他处置于处置非法集资牵头机关的控制下。实施扣押可由牵头部门保存，也可委托有关单位和个人保存。实施扣押、查封应当经处置非法集资牵头部门负责人批准；对重大案件或者数额较大需要查封、扣押的，应由处置非法集资牵头部门负责人集体讨论决定。实施扣押时，必须出示证件，当场交付查封、扣押决定书。决定书应当载明以下主要内容：被采用措施单位或个人姓名或者名称、地址；查封、扣押的事实、理由和依据；查封、扣押的期限，需要鉴定的应有鉴定期限；处置非法集资牵头部门的名称和印章；实施人员的签名和日期等。

二是责令非法集资人、非法集资协助人追回涉案资产和处分有关资产。对于非法集资人、非法集资协助人转移的资产要求其追回；对于非法集资人、集资协助人所有和控制的财产在法律规定的范围内要求其予以处理，这种处理是指资产的变价出售，其目的是用于清退集资资金。

三是经设区的市级以上地方人民政府处置非法集资牵头部门决定，按照规定通知出入境边防检查机关，限制非法集资的个人或者非法集资单位的控股股东、实际控制人、董事、监事、高级管理人员以及其他直接责任人员出境。这是对人身自由暂时性的限制。其包括：一是人身自由暂时性限制决定权属于设区的市级以上地方人民政府处置非法集资牵头部门，对此有权作出决定。二是适用的对象不仅包括非法集资人，还包括其控股股东、实际控制人、董事、监事、高级管理人员以及其他直接责任人员。其他直接责任人员不同于相关人员，主要是协助实施非法集资人员，如会计、营销人员等。三是按照规定报公安机关出入境管理机构决定实施。因为实施人身自由的权力是出入境边防检查机关，这一机关是执行机关。

第二款规定了特殊措施的审批程序。对于查封有关经营场所，查封、扣押有关资产以及责令非法集资人、非法集资协助人追回、变价出售有关资产用于清退集资资金，一般经处置非法集资牵头部门主要负责人批准。即采取上述措施时，应当书面呈报采取措施的申请，经过处置非法集资牵头部门主要负责人对申请进行批准。这些措施的实施不同于一般的非法集资案件的调查措施。对于第三项措施，则经设区的市级以上地方人民政府处置非法集资牵头部门决定。县级处置非法集资牵头部门需要采取这一措施的，应经负责人批准后，报市级牵头部门决定。

【实务要点】

为了防止集资行为人、集资协助人通过涉案账户转移资金，对其可以采取保全措施，但因冻结需要法律规定，《条例》作为行政法规对此没有规定。其“查”“冻”“扣”的程序为：金融管理部门以及金融机构、非银行支付机构应当依法做好协助工作，协助查询、冻结、扣划。在冻结期限内，只有在原作出冻结决定的机关作出解冻决定并出具解除冻结存款通知书的情况下，金融机构才能对已经冻结的存款予以解冻。被冻结存款的单位或个人对冻结提出异议的，金融机构应告知其与作出冻结决定的部门联系，在存款冻结期限内金融机构不得自行解冻。金融机构协助扣划的，应当将扣划的存款直接划入处置非法集资牵头部门指定的账户。如果处置非法集资牵头部门机关要求提取现金的，金融机构可以不予协助。

处置非法集资涉案资产的方式有：资产确权、变卖、拍卖、实物资产出租、债权人会议、债转股、债务转移、管理人制度、破产清算、变现及兑现等。对于涉案资产的处置，除应遵守本条有关规定外，还应当遵循《行政强制法》的规定。处置非法集资涉案财产，应当坚持最大限度清退的原则，在采取措施上往往存在大范围查扣相关财产的问题，其中既有涉案的所谓非法的“赃款赃物”，还有非法集资前非法集资行为人的合法财产，更有利害关系人的财产，在处置上应当维护第三人的财产权利，特别是追回有关资产应与第二十六条清退集资资金来源相一致。同时，对于非法集资人的合法财产权利也应当给予相同的保护，不得随意处置。

对于两个以上处置非法集资牵头部门对同一单位或个人的同一笔存款采取扣划措施时，金融机构应当协助最先送达协助扣划存款通知书的处置非法集资职能部门办理扣划手续。两个以上处置非法集资牵头部门对金融机构协助扣划的具体措施有争议的，金融机构应当按照有关争议处置非法集资牵头部门协商后的意见办理。

【参考依据】

《行政强制法》（2011年6月30日）

第二十二条　查封、扣押应当由法律、法规规定的行政机关实施，其他任何行政机关或者组织不得实施。

第二十三条　查封、扣押限于涉案的场所、设施或者财物，不得查封、扣押与违法行为无关的场所、设施或者财物；不得查封、扣押公民个人及其所扶养家属的生活必需品。

当事人的场所、设施或者财物已被其他国家机关依法查封的，不得重复查封。

第二十五条第一款　查封、扣押的期限不得超过三十日；情况复杂的，经行政机关负责人批准，可以延长，但是延长期限不得超过三十日。法律、行政法规另有规定的除外。

《金融机构协助查询、冻结、扣划工作管理规定》（2002年1月15日）

第十一条　金融机构在协助冻结、扣划单位或个人存款时，应当审查以下内容：

（一）“协助冻结、扣划存款通知书”填写的需被冻结或扣划存款的单位或个人开户金融机构名称、户名和账号、大小写金额；

（二）协助冻结或扣划存款通知书上的义务人应与所依据的法律文书上的义务人相同；

（三）协助冻结或扣划存款通知书上的冻结或扣划金额应当是确定的。如发现缺少应附的法律文书，以及法律文书有关内容与“协助冻结、扣划存款通知书”的内容不符，应说明原因，退回“协助冻结、扣划存款通知书”或所附的法律文书。

有权机关对个人存款户不能提供账号的，金融机构应当要求有权机关提供该个人的居民身份证号码或其他足以确定该个人存款账户的情况。

第十二条 金融机构应当按照内控制度的规定建立和完善协助查询、冻结和扣划工作的登记制度。

金融机构在协助有权机关办理查询、冻结和扣划手续时，应对下列情况进行登记：有权机关名称，执法人员姓名和证件号码，金融机构经办人员姓名，被查询、冻结、扣划单位或个人的名称或姓名，协助查询、冻结、扣划的时间和金额，相关法律文书名称及文号，协助结果等。

登记表应当在协助办理查询、冻结、扣划手续时填写，并由有权机关执法人员和金融机构经办人签字。

金融机构应当妥善保存登记表，并严格保守有关国家秘密。金融机构协助查询、冻结、扣划存款，涉及内控制度中的核实、授权和审批工作时，应当严格按内控制度及时办理相关手续，不得拖延推诿。

第十三条　金融机构对有权机关办理查询、冻结和扣划手续完备的，应当认真协助办理。在接到协助冻结、扣划存款通知书后，不得再扣划应当协助执行的款项用于收贷收息，不得向被查询、冻结、扣划单位或个人通风报信，帮助隐匿或转移存款。

金融机构在协助有权机关办理完毕查询存款手续后，有权机关要求予以保密的，金融机构应当保守秘密。金融机构在协助有权机关办理完毕冻结、扣划存款手续后，根据业务需要可以通知存款单位或个人。

第二十五条 非法集资人、非法集资协助人应当向集资参与人清退集资资金。清退过程应当接受处置非法集资牵头部门监督。

任何单位和个人不得从非法集资中获取经济利益。

因参与非法集资受到的损失，由集资参与人自行承担。

【本条宗旨】

本条是关于规范资金清退程序和责任分承的规定，以便保证资金清退合法、有序、稳妥进行。

【内容解读】

本条共有三款，对清退集资资金的基本程序、清退监督以及责任承担作出规定。因为处置非法集资牵头部门对非法集资调查后，认定为非法集资的，需要依照法定程序清退非法集资资金，即“退钱”步骤和程序，维护集资参与人合法的权益。这种“退钱”行为应当依照程序进行，以免因程序不透明或者不正当引发影响集资参与人的情绪及社会稳定。

第一款旗帜鲜明地规定清退集资资金的主要义务主体，即非法集资人和非法集资协助人。非法集资人和非法集资协助人是清退集资资金的义务人，应当向集资参与人清退其非法集资的资金。因为非法集资资金并非集资人自己的合法财产，而是通过非法手段获得的集资参与人的合法资产，对其集资的资金应当予以返还。因此，规定了非法集资人应当向集资参与人清退集资资金，而非法集资协助人获得的利益也是集资资金，因此，非法集资协助人也负有退资义务。清退是非法集资人和非法集资协助人应当履行的义务，而非法集资人、非法集资协助人清退时，应及时向处置非法集资牵头部门报告清退情况，其履行清退义务过程中应当接受处置非法集资牵头部门监督，保证清退资金的公平性，防止清退出现争执。其“清退”不是“赔偿”。

第二款规定了任何单位和个人不得从非法集资中获取经济利益。这是基于任何人不得从非法行为中获得利益原则的延伸，因为从非法集资中获得经济利益，是依赖非法集资行为或者活动获得，对此应当义正词严作出宣誓，表明不得从非法集资获得经济利益的立场。因为违法或者错误行为在道德层面具有非难性，在法律层面具有可责性，并为以追求公平正义的法律制度和法治社会所不容。如果允许通过非法或者错误行为谋取经济利益，人们将会为实现个人目的而不择手段，人性中的“恶”就会被毫无遮拦地释放出来，《条例》坚持了任何单位和个人都不例外。但仅限于经济利益，对于在非法集资单位从事劳务获得的报酬、税收等还需要谨慎作出分析与判断。

第三款规定了“因参与非法集资受到的损失，由集资参与人自行承担”。[①] 对此是从另一层面对集资参与人的财产权的保护，发挥遏制参与非法集资的冲动或者非理性行为，以免放纵集资参与人在非法集资的道路上越陷越深，不顾其财产损失而孤注一掷，最终损失惨重。在实践中，不排除集资参与人明知是非法集资积极参与或者经过提醒依然投机，认为一定有下一批接盘的或者凭侥幸冒险赌博式投资并希望非法集资终止前短期投机获取高额收益。这种行为在一定程度上助长了非法集资，对于积极或者投机参与非法集资的损失应当自担，不能也不应将其损失转嫁他人或者转嫁给国家，由政府兜底，

---

① 该项内容源于《取缔办法》第十八条“因非法金融业务活动受到损失，由参与者自行承担”。

以免纵容这种行为发生而影响社会经济秩序。

【实务要点】

任何非法集资活动都绕不开“资金”问题，大部分要通过银行、非银行支付机构等机构进行归集、流转和提现。因此，查清非法集资的资金来源，应当牵住非法集资的“牛鼻子”，抓住“资金”链条，查清非法集资的“资金”流向。而资金流向是发现和防范非法集资的关键，是资金管控、查封和追赃挽损的重要前提。因此，在涉案资金上应当充分注重发挥金融机构、非银行支付机构在资金监测方面的功能以及在账户查控方面的关键作用，由其协助处置非法集资牵头部门清退。

实践中，非法集资人、集资参与人就资金清退达不成一致意见的，处置非法集资牵头部门在监督中应当关注清退方案和清退程序。一是对清退集资资金事项组织协商，形成清退集资资金的具体方案。集资行为人和集资参与人就资金清退方案存在三种可能：一是双方达成一致意见的，集资行为人应当按照其协议的方案自行清退，并及时向处置非法集资牵头部门报告清退情况。二是双方达不成一致意见的，由处置非法集资牵头部门组织制定清退方案并组织实施清退。三是双方仅仅对部分退资达成一致意见，对有些内容还存在的分歧的，需要根据达成意见的部分在退资的地位确定涉及这部分退资是由非法集资人自行退资还是纳入处置非法集资牵头部门组织清退时一并处置。非法集资人、集资参与人协议清退方案，应当由处置非法集资牵头部门参与指导并监督。对非法集资人提供的方案没有异议或者仅仅有个别或少数人有异议，可以视为同意，非法集资人、集资参与人应当根据协议的内容直接履行退款义务。现实中远比退钱复杂的是，部分非法集资有真实项目在运行，尤其集资数额特别大，存在几百亿元的，应当注意后续项目以及持续经营的可能性。对处置非法集资涉案资产可以参照类似破产重整的流程或者等用托管的方式，充分考虑资产估值与项目的发展前景，以及并购重组及资产管理能力，作出接管或者代管的处理，最大限度减少投资公众的资金损失。

集资参与人参与集资财产的计算方法与损失的承担方式。这种方法为，集资参与人因参与非法集资获得的经济利益，在清退集资资金时应当予以扣除。这是从诚信社会、公平社会的角度来说，应退部分需剔除案发前已收到的高额利息后的本金。这表明扣除的仅仅是涉及在案的作为需要退回的集资资金，而不是已经完全不在案的其他资产。因参与非法集资受到的损失，由集资参与人自行承担，但对其在非法集资中的“收益”应当用于弥补其他参与人的损失。因为这部分“收益”是其他集资参与人的损失带来的。因此，集资参与人因参与非法集资获得的经济利益，在清退集资资金时应当予以扣除。

非法集资高额收益是非法集资的最主要诱惑，很多参与人甚至明知有重大非法集资嫌疑，仍希望非法集资终止前短期投机获取高额收益，其损失应当自担。对于是否追查前期参与人收益的部分资金较为关键，现实中也存在很多争议，需慎重对待。

第二十六条　清退集资资金来源包括：

（一）非法集资资金余额；

（二）非法集资资金的收益或者转换的其他资产及其收益；

（三）非法集资人及其股东、实际控制人、董事、监事、高级管理人员和其他相关人员从非法集资中获得的经济利益；

（四）非法集资人隐匿、转移的非法集资资金或者相关资产；

（五）在非法集资中获得的广告费、代言费、代理费、好处费、返点费、佣金、提成等经济利益；

（六）可以作为清退集资资金的其他资产。

【本条宗旨】

本条是关于清退集资资金来源的规定，旨在最大限度保障清退集资资金的合法性，维护集资参与人的合法经济利益。

【内容解读】

本条是对清退集资资金来源的规定，处置非法集资应当始终将清退集资资金作为处置的核心要求，千方百计依法合规拓宽可清退资金的来源，切实提高资产处置效能，最大限度挽回群众损失。本条采用列举的方式确定哪些资金可以作为清退集资资金的范围，以免扩大范围或者缩小范围，影响交易的安全性和集资参与人的合法权益。基于任何单位和个人不得从非法集资中获得经济利益的原则，采用了从现有集资资金到通过集资资金获得收益再到因非法集资行为以及协助非法集资获得的利益的界定清退集资资金范围。主要是参与方的非法获利和不当得利的利益。其清退集资资金的范围主要包括：

一是非法集资资金余额。这是指非法集资的资金余额。这些资金属于没有发生性质转移的集资资金。

二是非法集资资金的收益或者转换的其他资产及其收益。这一部分既包括非法集资行为人从集资资金的孳息以及投资股票、债券、彩票、投资基金证券或者其他债权凭证的收益，也包括从投资房地产以及其他无形知识产权等中获得的收益。

三是非法集资人及其股东、实际控制人、董事、监事、高级管理人员和其他相关人员从非法集资中获得的经济利益。集资行为人及其出资人、主要管理人和其他相关人员从非法集资中获取的经济利益包括其获得绩效工资、奖金等收益，但限于经济收益。“其他相关人员”是指参与非法集资并对集资产生影响的人，如投资者介绍人或者中介人。

四是非法集资人藏匿、转移的非法集资资金或者相关资产。这些资金或者相关资产本来属于非法集资的资金，仅仅是以合法的形式被掩盖或者通过其他合法的途径被转移，旨在改变其资金的性质，这些资产也属于非法集资资金来源。

五是集资协助人因协助非法集资获得的经济利益。这些主要包括提供帮助从中收取广告费、代言费、代理费、好处费、返点费、佣金、提成等经济费用。判断此种资金需要以协助集资为基础，其取得费用行为在非法集资中发挥一定的促使作用。

六是兜底条款或者开放式规定，对于上述列举不全的或者有遗漏的进行补充，旨在不让非法集资人在经济上得到任何利益，保证任何人不得从非法行为中获得利益得以实现。

【实务要点】

从近年来的非法集资案件清退比例来看，其比例在30%左右。实践中，有些非法集资参与人的资金会按照非法集资人要求存放在平台提供的账户或者托管账户以及银行存管账户或者第三方支付平台存管账户上，这部分资金属于集资参与人或者投资人充值到自己的平台账户中，投资人对账户内资金有转账、充值、提现和投资的支配权，当相关账户被查封，对这部分资金不应划入非法集资资金余额。因为这些资金尚未参与非法集资，完全受投资人自己支配，应当作为投资人合法自有的资金。

在非法集资的涉案财物中，有些查封的是非法集资人亲属的银行账户、房产、地产、基金、股票等财产，有些可能是正在生产、经营、加工、销售的与非法集资有关的产品，如何判断涉案财物是在非法集资中所产生的收益？对此需要以资金流转作为判断的方向，通过对主要非法集资人、财务人员的讯问、询问获知，了解资金运作模式、资金使用决策过程、资金最终去向，从而把握非法集资资金的使用情况。不宜将非法集资的员工工作期间的工资等劳务费用退缴。目前，实践中出现了非法集资人的亲戚朋友为给其一个从轻处罚的机会，自愿退赔集资参与人一部分财产，这部分财产可能是非法集资人或者非法集资协助人亲属的个人合法财产。对于这部分财产虽然不是非法集资资金来源，如果经过非法集资人及集资协助人的确认，也可以作为清退资金，但不是非法集资资金的来源。

【参考依据】

《最高人民法院、最高人民检察院、公安部关于办理非法集资刑事案件适用法律若干问题的意见》（2014年3月25日）

……

五、关于涉案财物的追缴和处置问题

向社会公众非法吸收的资金属于违法所得。以吸收的资金向集资参与人支付的利息、分红等回报，以及向帮助吸收资金人员支付的代理费、好处费、返点费、佣金、提成等费用，应当依法追缴。集资参与人本金尚未归还的，所支付的回报可予折抵本金。

将非法吸收的资金及其转换财物用于清偿债务或者转让给他人，有下列情形之一的，应当依法追缴：

（一）他人明知是上述资金及财物而收取的；

（二）他人无偿取得上述资金及财物的；

（三）他人以明显低于市场的价格取得上述资金及财物的；

（四）他人取得上述资金及财物系源于非法债务或者违法犯罪活动的；

（五）其他依法应当追缴的情形。

查封、扣押、冻结的易贬值及保管、养护成本较高的涉案财物，可以在诉讼终结前依照有关规定变卖、拍卖。所得价款由查封、扣押、冻结机关予以保管，待诉讼终结后一并处置。

查封、扣押、冻结的涉案财物，一般应在诉讼终结后，返还集资参与人。涉案财物不足全部返还的，按照集资参与人的集资额比例返还。

……

第二十七条　为非法集资设立的企业、个体工商户和农民专业合作社，由市场监督管理部门吊销营业执照。为非法集资设立的网站、开发的移动应用程序等互联网应用，由电信主管部门依法予以关闭。

【本条宗旨】

本条是关于为进行非法集资而设立的企业、网站等互联网应用取缔或者关闭的规定，是对非法集资主体资格的消除。

【内容解读】

本条包括两个方面的内容：一是本条适用的对象是为非法集资而设立的企业、个体工商户、农民专业合作社和网站、开发的移动应用程序等互联网应用等。这些企业、网站等是专门为非法集资设立的，是非法集资的工具，应当予以取缔。这就需要对为非法集资而设立的企业、网站等进行辨识与认定。这些企业、网站等设立的目的就是非法集资，实质上是以合法形式掩盖非法集资的目的。例如，未经批准或者备案擅自设立从事或者主要从事吸收存款、发放贷款、办理结算、票据贴现、资金拆借、信托投资、金融租赁、融资担保、外汇买卖等金融业务活动的企业与网站。

二是依法予以吊销营业执照和关闭互联网应用。对为非法集资设立的企业、个体工商户和农民专业合作社，由市场监督管理部门及相关部门吊销营业执照。为非法集资设立的网站、开发的移动应用程序等互联网应用，由电信主管部门依法予以关闭。需要注意的是，需要依照法律、行政法规的规定予以关停。例如，对非法金融机构和非法金融业务活动，经调查认定后，作出取缔决定，市场监督部门应当配合对其企业登记予以吊销。对于网站，应当积极配合处置非法集资牵头部门，全国网信系统会同电信主管部门取消违法网站许可或备案，关闭涉及非法集资的违法网站及互联网应用。

【实务要点】

对于依法设立的企业、网站等在经营或者运营过程中从事非法集资或者部分业务涉及非法集资的，对其关闭应当谨慎。对于主要从事非法集资的，应当全部关停。对此应与本《条例》第十九条第一项结合起来理解，不涉及其他类型的非法集资活动。同时，应注意与为非法集资提供网站等互联网应用的区别，即“提供”和“设立”在适用上的差别。

【参考依据】

《网络交易管理办法》（2014 年 1 月 26 日）

第四十六条　工商行政管理部门对网站违法行为作出行政处罚后，需要关闭该违法网站的，可以依照有关规定，提请网站许可或者备案地通信管理部门依法关闭该违法网站。

第二十八条 国务院金融管理部门及其分支机构、派出机构，地方人民政府有关部门以及其他有关单位和个人，对处置非法集资工作应当给予支持、配合。

任何单位和个人不得阻挠、妨碍处置非法集资工作。

【本条宗旨】

本条是关于其他有关机关和部门对处置非法集资的协助职责，旨在配合处置非法集资牵头部门能够顺利处置非法集资案件。

【内容解读】

本条共两款。第一款明确了有关部门对处置非法集资的职责。一是国务院金融管理部门及其分支机构、派出机构的支持、配合职责。其中，国务院金融管理部门及其分支机构、派出机构主要包括央行、银保监会、证监会、外汇局以及人民银行上海总部，各分行、营业管理部、省会（首府）城市中心支行、副省级城市中心支行会同所在地省（区、市）银保监会、证监会派出机构以及外汇管理机构。

二是地方人民政府有关部门以及其他有关单位和个人，对处置非法集资工作应当给予支持、配合。地方人民政府及其有关部门主要包括具有履行防范非法集资职责的部门，如市场监督部门、税务部门、网信部门、公安机关等。其他有关单位和个人是指与非法集资相关的单位（网站）以及知晓非法集资的证人或者非法集资参与人。

第二款明确了任何单位和个人不得妨碍非法集资的处置工作，任何单位和个人不得阻扰、阻碍对非法集资的处置。阻扰、妨碍的，按照“法律责任”中妨碍执行公务行为予以处理。在有些案件中存在集资参与人根据非法集资人的要求通过自己账户或下线账户直接将款项转账到非法集资人指定的其他被集资人账户的情形，在帮助集资人实现拆东墙补西墙的违法环节的同时，这种杂乱的资金往来直接导致在案件办理过程中很难收集相关证据证明自身的出资额，从而影响办案质量，妨碍对非法集资工作的有效开展。

【实务要点】

本条从正反两个方面作出了规定。一是强调了支持和配合。特别强调国务院金融管理部门及其分支机构、派出机构，也反映出在此方面的支持和配合的重要性，仅仅依靠处置非法集资牵头部门难以完成这项复杂的工作。其支持与配合必须在其职权范围内，不得超越职权。但是，对于不支持、不配合或者消极对待的，对非法集资带来影响的，可以要求其部门予以问责。二是不得阻扰和妨碍，特别是有的集资参与人出于让非法集资人继续经营以返还本利的美好愿望，明确要求牵头部门对非法集资人不以非法集资对待的，会增加处理上的社会干扰与复杂性。对于影响依法处置非法集资工作的，可以予以处罚。

此外，需厘清此条的“阻挠、妨碍”与第二十一条的“拒绝、阻碍”以及第三十六条的“阻碍”的关系。

【参考依据】

《国务院关于进一步做好防范和处置非法集资工作的意见》（2015 年 10 月 19 日）

……

金融机构在严格执行大额可疑资金报告制度基础上，对各类账户交易中具有分散转入集中转出、定期批量小额转出等特征的涉嫌非法集资资金异动进行分析识别，并将有关情况及时提供给地方各级防范和处置非法集资工作领导小组办公室。人民银行、银监会、证监会、保监会、外汇局要指导和督促金融机构做好对涉嫌非法集资可疑资金的监测工作，建立问责制度。

……

第二十九条　处置非法集资过程中，有关地方人民政府应当采取有效措施维护社会稳定。

【本条宗旨】

本条是关于处置非法集资维护社会稳定的规定，

防止处置非法集资过程中出现上访、围堵等群体性事件。

【内容解读】

非法集资涉及面广、涉及人数众多，属于涉众型风险，处置非法集资工作情况复杂，政策性强，事关国家经济金融秩序，事关人民群众财产安全，更事关社会稳定大局。因此，处置非法集资既是案件处置，也是一项经济工作，更是一项涉及社会稳定的政治任务。处置工作应当以“稳妥”为目标，不得引发群体性事件。基于处置的实践经验，其有效措施主要包括以下方面：

一是处置非法集资基础要“稳”。处置非法集资应当坚持关口前移、防范得力、标本兼治，确保处置发现一个打击一个，打击一个警示一批，警示一批预防一片，不仅能够有效遏制非法集资案件高发势头，更能够降低和减少非法集资现象，及时处置一些苗头性或者倾向性的非法集资活动，牢固抱紧防范的篱笆。

二是处置非法集资采用的方法要“稳”。处置非法集资工作要坚持稳中求进的工作总基调，将依法打击和稳妥处置相结合，既坚决依法处置违法活动，着力防控重点领域和重点区域的风险，又讲究策略、方式和方法，把握处置的力度和节奏，分类处置非法集资案件，严防处置中方法不当衍生出新的风险。

三是处置非法集资的过程要“稳”。处置非法集资始终将维护稳定贯穿于防范和处置非法集资工作始终，及早预警、及时研判、做好预案，及时主动正面宣传，营造良好舆论环境，做到处置中秩序井然、程序透明公正，有效维护最广大人民群众的根本利益。

四是处置非法集资的结局要“稳”。处置非法集资的结局不能“按下葫芦浮起瓢”，更不能在处置非法集资中再次因处置而引发“上访”等影响社会稳定的事件，持续深入开展非法集资存案攻坚，不留后患，努力实现非法集资存案大幅消减目标，力求案结事了。

【实务要点】

处置非法集资事件应当按照“稳定大局、统筹协调、分类施策、精准拆弹”的基本方针，坚持“稳字当头”，稳中处置。处置非法集资应当讲究执法策略、方式、尺度和时机，依法合理制定涉案资产的处置政策和方案，分类处置非法集资问题，防止社会矛盾激化，落实维稳属地责任，畅通群众诉求反映渠道，及时回应群众诉求，积极导入法治轨道，采用法治手段严格依法处置案件，切实有效维护社会稳定，实现执法效果与经济效果、社会效果相统一。

特别要注意非法集资参与人通过上访、缠访、闹访、聚集等非理性途径来“维权”事件的处理，不激化矛盾，不加剧冲突。

【参考依据】

《国务院关于进一步做好防范和处置非法集资工作的意见》（2015 年 10 月 19 日）

……

讲究执法策略、方式、尺度和时机，依法合理制定涉案资产的处置政策和方案，分类处置非法集资问题，防止矛盾激化，努力实现执法效果与经济效果、社会效果相统一。落实维稳属地责任，畅通群众诉求反映渠道，及时回应群众诉求，积极导入法治轨道，严格依法处置案件，切实有效维护社会稳定。

……

第四章　法律责任

【本章概述】

本章是对违反本《条例》法律后果的规定，是对非法集资人、非法集资协助人及其相关人员的处罚责任以及对国家机关工作人员、金融机构、非银行支付机构、互联网信息服务提供者及其相关人员不履行防范和处置非法集资职责给予行政处分。法律责任分为民事责任、行政责任、刑事责任。对非法集资人及其相关人员的法律责任主要是违法行政处罚，构成犯罪的处以刑事责任等；同时对负有防范和处置非法集资职责主体以及国家工作人员不履行职责或者不正确履行工作职责规定了相应的行政处分责任。这些规定在处罚种类和处罚力度上按照处罚力度与危害程度相匹配原则，规定给予警告、处以罚款、责令停产停业、吊销许可证、吊销营业执照或者登记证书以及行政处分。这不仅起到了对非法集资行为或者活动的惩罚功能，也是对防范非法集资的保障机制。

本章共八条（第三十条至第三十七条）。主要规定了非法集资人、非法集资协助人的行政违法的行政处罚责任，国家机关工作人员、金融机构、非银行支付机构、互联网信息服务提供者、广告经营者、广告发布者及其相关人员不履行防范和处置非法集资职责给予行政、处罚处分和刑事责任的规定以及阻碍、妨碍防范和处置非法集资的行政责任和刑事责任。

第三十条 对非法集资人，由处置非法集资牵头部门处集资金额20%以上1倍以下的罚款。非法集资人为单位的，还可以根据情节轻重责令停产停业，由有关机关依法吊销许可证、营业执照或者登记证书；对其法定代表人或者主要负责人、直接负责的主管人员和其他直接责任人员给予警告，处50万元以上500万元以下的罚款。构成犯罪的，依法追究刑事责任。

【本条宗旨】

本条是关于非法集资人以及有关人员的行政处罚责任，通过对非法集资人等予以严厉惩治，发挥一般预防和特别预防的功能。

【内容解读】

本条规定了责任追究主体、追究对象以及追究的责任形式。一是规定了行使处罚权的主体以及被处罚的对象。行使处罚权的主体是处置非法集资牵头部门，并未排除有关机关基于自己的职权依法在其职权范围的行政处罚。

二是处置非法集资牵头部门对非法集资人实施非法集资的，处集资金额 20% 以上 1 倍以下的罚款。非法集资人包括发起、主导或者组织实施非法集资的主体。其中，“发起”非法集资人是指为了实现非法集资的目的，创设公司或者其他组织准备开展集资的人，包括集资策划人、主要出资人、实际控制人等。非法集资的发起人可能成为后来集资的主导人和实施人，一般主持制定了非法集资计划或者集资前进行筹划集资，他对非法集资的形成起到了基础性或者关键性作用，所以被作为主要处罚对象。在实践的处理中，“发起”非法集资的人包括控股股东、主要股东和实际控制人。控股股东是指持有集资组织50%以上股权或者表决权，以及持有股权或者表决权比例不足50%但足以对集资组织的决策产生重大影响的股东或者其他出资人。主要股东是指持有集资组织5%以上股权或者表决权但不构成控股集资组织的股东或者其他出资人。实际控制人是指虽不是从事非法集资组织的直接出资人，但通过投资关系、协议或者其他安排，能够实际支配集资组织的人。“主导”非法集资的人是指为非法集资出谋划策和推动非法集资不断发展或者变化的人，指使、安排集资成员开展集资活动的人。主导人对非法集资的实施与完成起到了决定性作用。“实施”非法集资的人是指具体操作吸收集资的人。实施人一般不包括协助、帮助非法集资起次要作用或者辅助作用的人。这些为非法集资提供推介、营销等帮助的其他单位和个人一般为非法集资协助人。

对非法集资为单位的，由处置非法集资牵头部门处集资金额20%以上1倍以下的罚款，还可以责令停产停业直至由有关机关依法吊销许可证、营业执照或者登记证书。这里确定的20%以上1倍以下的罚款，与刑法修正案十一规定的“欺诈发行证券罪的罚金”采用了相同的比例。在起点上高于《证券法》第一百八十一条发行证券的，处以非法所募集资金金额10%以上1倍以下的罚款。之所如此规定，是因为有些非法集资不涉及主体，仅涉及发放金融产品集资，对此不宜吊销许可证或者营业执照。其中“有关部门”是指发放许可证、营业执照的部门。从事金融业务的，多采用“先证后照”，由金融监管部门取消许可证。在取消许可证后，市场监督部门应当根据其经营范围确定是否吊销营业执照。同时，对单位法定代表人、直接负责的主管人员和其他直接责任人员确定了警告，并处50万元以上500万元以下的罚款。与《证券法》第一百八十条擅自发行证券募集资金对直接责任人处罚一致。其他直接责任人员是指在非法集资中起次要作用或者协助作用的人。这里的罚款不同于没收非法所得，其罚款的款项应为非法集资人的合法财产。

对于构成犯罪的，按照刑法的规定确定非法集资犯罪的罪名和刑罚。

【实务要点】

在处罚中需要分清非法集资“三类人”，即非法集资人、非法集资协助人和非法集资参与人。征求意见稿对此界定曾规定，非法集资人是指发起、主导或者组织实施非法集资的单位和个人；非法集资协助人是指为非法集资提供推介、营销等帮助的其他单位和个人；非法集资参与人是指为非法集资投入资金的单位和个人。对于这些单位或者个人进行处罚时，还需要根据其在非法集资中所处的地位，对非法集资形成的作用、实际参与的程度、具体行为的样态、对结果所起的作用等具体分析，从而确定处罚的轻重。一般对非法集资参与人不予处罚。2015 年《关于办理非法集资刑事案件适用法律若干问题的意见》对“被害人”和“集资参与人”作了区分，集资参与人作为投资人，尽管自身可能有冒险、博概率、投机等获得收益的意图，因集资参与人应当自行承担参与非法集资受到的损失，对其非法收益可以通过追回的方式解决。对发起、主导或者组织实施非法集资的人可作为共同非法集资人对待，在处罚时应当根据在非法集资中所处的地位、发挥的作用确定罚款的幅度，保持与违法程度相当。非法集资人积极配合调查，主动清退集资资金并与集资参与人达成一致意见的，可以从轻处罚。对于影响恶劣或者情节严重的，即使达成一致的意见，也可不从轻处罚，需说明理由。

本条对于罚款的规定没有采用《取缔办法》“没收违法所得，并处违法所得1倍以上5倍以下的罚款”的规定。一般而言，对于罚款应尽可能地做到明确，能确定数额的，明确处罚的数额。无论是数额还是倍数，一般确定时应当注意比例原则，不宜自由裁量权过大，出现处罚上的失衡。同时，对于有行政罚款的，在犯罪罚金判处时可相应折抵。

《条例》没有规定对非法集资人限制其今后从事行业的范围，也没有规定不得再担任任何单位的法定代表人、高级管理人员或者企业的实际控制人。从业禁止或者职业限制是将利用职业便利或违背职业要求的特定义务而实施违法犯罪的人员，从特定的职业领域或行业中清除出去，避免其利用特定职业再违法犯罪。单对禁止从事的“相关职业”及期限而言是职业禁止的实质内容，需限制与集资相关的行业由其他法律法规规定，不宜依据本《条例》予以剥夺。

【参考依据】

《银行业监督管理法》（2006年10月31日）

第四十八条　银行业金融机构违反法律、行政法规以及国家有关银行业监督管理规定的，银行业监督管理机构除依照本法第四十四条至第四十七条规定处罚外，还可以区别不同情形，采取下列措施：

（一）责令银行业金融机构对直接负责的董事、高级管理人员和其他直接责任人员给予纪律处分；

（二）银行业金融机构的行为尚不构成犯罪的，对直接负责的董事、高级管理人员和其他直接责任人员给予警告，处五万元以上五十万元以下罚款；

（三）取消直接负责的董事、高级管理人员一定期限直至终身的任职资格，禁止直接负责的董事、高级管理人员和其他直接责任人员一定期限直至终身从事银行业工作。

《融资担保公司监督管理条例》（2017年8月2日）

第四十三条 依照本条例规定对融资担保公司处以罚款的，根据具体情形，可以同时对负有直接责任的董事、监事、高级管理人员处5万元以下的罚款。

融资担保公司违反本条例规定，情节严重的，监督管理部门对负有直接责任的董事、监事、高级管理人员，可以禁止其在一定期限内担任或者终身禁止其担任融资担保公司的董事、监事、高级管理人员。

《最高人民检察院关于办理涉互联网金融犯罪案件有关问题座谈会纪要》（2017年6月2日）

四、综合运用定罪量刑情节

……

26. 单位犯罪中，直接负责的主管人员和其他直接责任人员在涉互联网金融犯罪案件中的地位、作用存在明显差别的，可以区分主犯和从犯。对起组织领导作用的总公司的直接负责的主管人员和发挥主要作用的其他直接责任人员，可以认定为全案的主犯，其他人员可以认定为从犯。

……

《刑法》（2020年12月26日）

第三十七条之一　因利用职业便利实施犯罪，或者实施违背职业要求的特定义务的犯罪被判处刑罚的，人民法院可以根据犯罪情况和预防再犯罪的需要，禁止其自刑罚执行完毕之日或者假释之日起从事相关职业，期限为三年至五年。

被禁止从事相关职业的人违反人民法院依照前款规定作出的决定的，由公安机关依法给予处罚；情节严重的，依照本法第三百一十三条的规定定罪处罚。

其他法律、行政法规对其从事相关职业另有禁止或者限制性规定的，从其规定。

第三十一条 对非法集资协助人，由处置非法集资牵头部门给予警告，处违法所得1倍以上3倍以下的罚款；构成犯罪的，依法追究刑事责任。

【本条宗旨】

本条是关于对非法集资协助人的处罚规定，旨在通过对不同参与非法集资主体的处罚而遏制非法集资的促发。

【内容解读】

对非法集资协助人的处罚采用了不同于非法集资人的处罚，没有根据集资额作为处罚的依据，而是根据违法所得确定了1倍以上3倍以下的罚款。协助非法集资既包括为非法集资提供推介、营销等帮助的其他单位和个人，也包括负责或从事行政管理、财务会计、技术服务等辅助非法集资主要工作的人。这类人员的行为与其所属的职能部门的业务有关，在集资中，这些人员虽然不直接参与非法集资事宜、产品的运营领导工作，但其所从事的技术、财务和行政工作对非法集资工作提供了不可缺少的帮助、支持和配合，且这些工作是非法集资开展的重要环节。因此，不宜让非法集资协助人对非法集资负总责，其处罚与非法集资人不同。对于这些人员没有规定对其违法所得予以没收，而是直接处 1 倍以上 3 倍以下的罚款；构成犯罪的，属于帮助犯，依法追究刑事责任。但是，对于违法所得，即基于非法集资获得的违法所得，应依据本《条例》第二十六条的规定处理。

【实务要点】

对于协助他人集资的，首先确定是否协助了非法集资，其协助行为是否符合明知的范围，如果在不知情的情况下协助他人非法集资，及时退出非法集资活动，一般不应认定为非法集资协助人，也不予处罚。特别是对于层级较低的管理人员或者普通职员，如果确有证据或理由表明其并不知晓非法集资性质，而是当作正常经营业务参与实施了非法集资行为的，一般不宜作为处罚对象。

另外，对于较大数额罚款和吊销许可证，需要听证。

【参考依据】

《公司法》（2018年10月26日）

第一百四十六条 有下列情形之一的，不得担任公司的董事、监事、高级管理人员：

（一）无民事行为能力或者限制民事行为能力；

（二）因贪污、贿赂、侵占财产、挪用财产或者破坏社会主义市场经济秩序，被判处刑罚，执行期满未逾五年，或者因犯罪被剥夺政治权利，执行期满未逾五年；

（三）担任破产清算的公司、企业的董事或者厂长、经理，对该公司、企业的破产负有个人责任的，自该公司、企业破产清算完结之日起未逾三年；

（四）担任因违法被吊销营业执照、责令关闭的公司、企业的法定代表人，并负有个人责任的，自该公司、企业被吊销营业执照之日起未逾三年；

（五）个人所负数额较大的债务到期未清偿。

公司违反前款规定选举、委派董事、监事或者聘任高级管理人员的，该选举、委派或者聘任无效。

董事、监事、高级管理人员在任职期间出现本条第一款所列情形的，公司应当解除其职务。

《银行业监督管理法》（2006 年 10 月 31 日）

第四十八条　银行业金融机构违反法律、行政法规以及国家有关银行业监督管理规定的，银行业监督管理机构除依照本法第四十四条至第四十七条规定处罚外，还可以区别不同情形，采取下列措施：

（一）责令银行业金融机构对直接负责的董事、高级管理人员和其他直接责任人员给予纪律处分；

（二）银行业金融机构的行为尚不构成犯罪的，对直接负责的董事、高级管理人员和其他直接责任人员给予警告，处五万元以上五十万元以下罚款；

（三）取消直接负责的董事、高级管理人员一定期限直至终身的任职资格，禁止直接负责的董事、高级管理人员和其他直接责任人员一定期限直至终身从事银行业工作。

《最高人民检察院关于办理涉互联网金融犯罪案件有关问题座谈会纪要》（2017 年 6 月 2 日）

……

12. 投资人在每期投资结束后，利用投资账户中的资金（包括每期投资结束后归还的本金、利息）进行反复投资的金额应当累计计算，但对反复投资的数额应当作出说明。对负责或从事行政管理、财务会计、技术服务等辅助工作的犯罪嫌疑人，应当按照其参与的犯罪事实，结合其在犯罪中的地位和作用，依法确定刑事责任范围。

……

《行政处罚法》（2021 年 1 月 22 日）

第三十五条　违法行为构成犯罪，人民法院判处拘役或者有期徒刑时，行政机关已经给予当事人行政拘留的，应当依法折抵相应刑期。

违法行为构成犯罪，人民法院判处罚金时，行政机关已经给予当事人罚款的，应当折抵相应罚金；行政机关尚未给予当事人罚款的，不再给予罚款。

第三十二条　非法集资人、非法集资协助人不能同时履行所承担的清退集资资金和缴纳罚款义务时，先清退集资资金。

【本条宗旨】

本条是关于清退资金和缴纳罚款履行先后顺序的规定，旨在为集资参与人获得最大限度的资金清退。

【内容解读】

处置非法集资牵头部门对其非法集资人及其协助人作出罚款，而集资参与人需要清退资金，其非法集资人、非法集资协助人的非法集资行为因侵犯集资参与人的财产权，应当承担资金清退的民事责任，又因其违反了本《条例》的规定，也需要承担行政处罚责任。非法集资人及其协助人不能因为承担了民事责任，就不给予行政处罚；也不能因为给予了行政处罚，就免除民事责任。实践中当两种责任并存时，会产生不能同时履行所承担的清退资金和缴纳罚款义务的现象，本条提供了解决二者同时履行困难的办法。

对违反本《条例》规定的，除了要依法承担行政处罚外，也应承担清退集资资金的民事责任，如果非法集资违法行为应当缴纳罚款并承担民事退还责任，而其资金或者财产不足以同时支付时，先承担民事退赔责任，而后再缴纳罚款。此种处理方式充分地说明本《条例》是将集资参与人集资资金利益的保护放在第一位的。这样不仅有利于处置非法集资的稳定，也有利于促进投资市场的发展。这与我国刑法规定的“承担民事赔偿责任的犯罪分子，同时被判处罚金，其财产不足以全部支付的，或者被判处没收财产的，应当先承担对被害人的民事赔偿责任”的原则相一致，体现修复性制裁，重视对非法集资造成后果的纠正与修复。

【实务要点】

鉴于集资参与人最关心其资金安全，本条强调清退责任优先，也是一种最主要、最基本的维护资金安全的方式，行政罚款让位于民事资金清退，以体现法律对投资者利益的维护，也充分体现了国家治理非法集资问题上的鲜明政治立场和以人民为中心的防范处置非法集资的工作重心。如果以国家利益为名先收取罚款，集资参与人的民事权利必将因以政府利益为名的公权力而再次受到漠视。尽管私权相对于公权在特殊情况下处于从属地位，但公权行使应当尊重私权，正视对私权的保护。

【参考依据】

《证券法》（2019 年 12 月 28 日）

第二百二十条　违反本法规定，应当承担民事赔偿责任和缴纳罚款、罚金、违法所得，违法行为人的财产不足以支付的，优先用于承担民事赔偿责任。

《刑法》（2020 年 12 月 26 日）

第三十六条　由于犯罪行为而使被害人遭受经济损失的，对犯罪分子除依法给予刑事处罚外，并应根据情况判处赔偿经济损失。

承担民事赔偿责任的犯罪分子，同时被判处罚金，其财产不足以全部支付的，或者被判处没收财产的，应当先承担对被害人的民事赔偿责任。

第三十三条　对依照本条例受到行政处罚的非法集资人、非法集资协助人，由有关部门建立信用记录，按照规定将其信用记录纳入全国信用信息共享平台。

【本条宗旨】

本条是关于信用记录的规定，旨在使非法集资人、非法集资协助人的市场活动受限。

【内容解读】

本条是对信用尤其是失信的惩戒规定。主要包含三个方面的内容：

一是处置非法集资牵头部门将受到处罚的非法集资行为人、非法集资协助人的信息报送有关部门。其中，有关部门主要是国家的社会信用信息管理服务机构。

二是有关部门应当建立信用记录，并将其纳入全国统一的信用信息平台。这种平台可以实现社会信用信息跨部门、跨领域、跨地区互联互通、共享共用。

三是这种信用记录发挥非法集资人、非法集资协助人的信用惩戒功能。按照规定，非法集资人、非法集资协助人等信息一旦纳入信用信息平台，相关失信主体在企业设立变更、银行账户开设、营业网点设立、媒体宣传造势、业务拓展等方面将会受到从严管控，失信者不允许开办集资类企业，甚至担任资本类企业的董监高人员，进入金融机构就业或者其他相关商业行为等受到限制。这是违法行为受到行政处罚的延伸后果。

【实务要点】

实践中已经将非法集资作为严重失信行为。统一信用信息共享平台是连接各地区、各部门信用信息系统，开展信用信息共享、整合和服务的信息化基础设施。其中，社会信用信息包括公共信用信息和市场信用信息。公共信用信息是指国家机关、法律法规授权的具有管理公共事务职能的组织以及群团组织等公共信用信息提供单位，在依法履职、提供服务过程中产生或者获取的，可用于识别信用主体信用状况的客观数据和资料。对于此类信用信息的纳入，可根据国家发改委《关于进一步规范公共信用信息纳入范围、失信惩戒和信用修复构建诚信建设长效机制的指导意见》执行。市场信用信息是指信用服务机构、金融机构、行业协会商会和其他企业事业单位等市场信用信息提供单位，在生产经营和提供服务过程中产生或者获取的，可用于识别信用主体信用状况的客观数据和资料。对于非法集资失信联合惩戒对象名单的认定、发布、使用、移出等应当严格按照规定执行，对于拟列入失信联合惩戒对象名单的，应当以书面方式履行事前告知程序。告知内容包括纳入失信联合惩戒对象名单的依据、理由、惩戒措施，异议申请的权利等。有异议的，由认定机关或者组织核查处理。

【参考依据】

《国务关于进一步做好防范和处置非法集资工作的意见》（2015 年 10 月 19 日）

……

对一般工商企业，各地区要综合运用信用分类监管、定向抽查检查、信息公示、风险警示约谈、市场准入限制等手段，加强市场监督管理，加强部门间信息共享和对失信主体的联合惩戒，探索建立多部门联动综合执法机制，提升执法效果。对非法集资主体（包括法人、实际控制人、代理人、中间人等）建立经营异常名录和信用记录，并纳入全国统一的信用信息共享交换平台。

……

《国务院关于建立完善守信联合激励和失信联合惩戒制度 加快推进社会诚信建设的指导意见》（2016 年 5 月 30 日）

……

（九）对重点领域和严重失信行为实施联合惩戒。在有关部门和社会组织依法依规对本领域失信行为作出处理和评价基础上，通过信息共享，推动其他部门和社会组织依法依规对严重失信行为采取联合惩戒措施

……

（十）依法依规加强对失信行为的行政性约束和惩戒。对严重失信主体，各地区、各有关部门应将其列为重点监管对象，依法依规采取行政性约束和惩戒措施。

……

《融资担保公司监督管理条例》（2017年8月2日）

第三十三条　监督管理部门应当建立健全融资担保公司信用记录制度。融资担保公司信用记录纳入全国信用信息共享平台。

中央文明办、最高人民法院、公安部、国务院国资委、国家工商总局、中国银监会、中国民用航空局、中国铁路总公司《“构建诚信惩戒失信”合作备忘录》（2014年3月20日）

……

三、信用惩戒的范围

一是禁止部分高消费行为，包括禁止乘坐飞机、列

车软卧；

二是实施其他信用惩戒，包括限制在金融机构贷款或办理信用卡；

三是失信被执行人为自然人的，不得担任企业的法定代表人、董事、监事、高级管理人员等。

四、信用惩戒的实施方式

最高人民法院通过光盘、专线等信息技术手段向公安部、国务院国资委、国家工商总局、中国银监会、中国民用航空局、中国铁路总公司推送失信被执行人名单。相关部门收到名单后，在其管理系统中记载限制高消费和实施其他信用惩戒措施等内容的名单信息，或者要求受监管各企业、部门、行业成员和分支机构实时监控，进行有效信用惩戒。在媒体广为发布，对失信被执行人形成强大的舆论压力，营造构建诚信、惩戒失信的浓厚氛围。

……

第三十四条 互联网信息服务提供者未履行对涉嫌非法集资信息的防范和处置义务的，由有关主管部门责令改正，给予警告，没收违法所得；拒不改正或者情节严重的，处10万元以上50万元以下的罚款，并可以根据情节轻重责令暂停相关业务、停业整顿、关闭网站、吊销相关业务许可证或者吊销营业执照，对直接负责的主管人员和其他直接责任人员处1万元以上10万元以下的罚款。

广告经营者、广告发布者未按照规定查验相关证明文件、核对广告内容的，由市场监督管理部门责令改正，并依照《中华人民共和国广告法》的规定予以处罚。

【本条宗旨】

本条是关于互联网信息服务提供者、广告经营者和广告发布者行政责任的规定，旨在通过强化其责任减少或者堵截非法集资信息的传播和扩散。

【内容解读】

本条共两款，对互联网信息服务提供者、广告经营者和广告发布者违反本《条例》分别规定了应当承担的行政责任。

第一款规定了互联网信息服务提供者的行政责任。本《条例》规定了互联网信息服务提供者的防范非法集资义务，即互联网信息服务提供者应当加强对用户发布信息的管理，不得制作、复制、发布、传播涉嫌非法集资的信息。发现涉嫌非法集资的信息，应当保存有关记录，并向处置非法集资牵头部门报告。主要包括以下内容：一是对于对用户发布信息疏于管理的，制作、复制、发布、传播涉嫌非法集资的信息的，或者没有及时向处置非法集资牵头部门报告的，由有关主管部门责令改正，给予警告；有违法所得的，没收违法所得。二是对于责令改正而拒不改正，或者情节严重的，处10万元以上50万元以下的罚款。三是情节特别严重的，或者造成恶劣影响的，责令暂停相关业务、停业整顿、关闭网站、吊销相关业务许可证或者吊销营业执照。四是对直接负责的主管人员和其他直接责任人处1万元以上10万以下的罚款。

第二款规定了广告经营者、广告发布者的行政责任。这一责任是基于本《条例》第十一条第二款规定的防范非法集资义务规定的。首先，对于广告经营者、广告发布者未按照规定查验相关证明文件、核对广告内容的，由市场监督管理部门责令改正；其次，根据《广告法》对广告经营者、广告发布者未按照国家有关规定建立、健全广告业务管理制度的，或者未对广告内容进行核对的，由市场监督管理部门责令改正，可以处5万元以下的罚款。

【实务要点】

本条行政处罚权的主体是主管部门及市场监督管理部门，而不是处置非法集资的牵头部门。《互联网信息服务管理办法》规定互联网信息服务提供者发现其网站传输的信息明显属于法律、行政法规禁止的其他内容的，应当立即停止传输，保存有关记录，并向国家有关机关报告，否则，由省、自治区、直辖市电信管理机构责令改正；情节严重的，对经营性互联网信息服务提供者，由发证机关吊销经营许可证，对非经营性互联网信息服务提供者，由备案机关责令关闭网站。依照本条规定对互联网信息服务提供者予以处罚的，需要考虑《互联网信息服务管理办法》。同时，对广告经营者、广告发布者进行处罚时，应当结合《广告法》第六十一条的规定，注意法条竞合问题，力求保持其处罚强度的一致性，不可畸轻畸重。

【参考依据】

《互联网信息服务管理办法》（2011年1月8日）

第十五条 互联网信息服务提供者不得制作、复制、发布、传播含有下列内容的信息：

（一）反对宪法所确定的基本原则的；

……

（九）含有法律、行政法规禁止的其他内容的。

第十六条 互联网信息服务提供者发现其网站传输的信息明显属于本办法第十五条所列内容之一的，应当立即停止传输，保存有关记录，并向国家有关机关报告。

第二十三条 违反本办法第十六条规定的义务的，由省、自治区、直辖市电信管理机构责令改正；情节严重的，对经营性互联网信息服务提供者，并由发证机关吊销经营许可证，对非经营性互联网信息服务提供者，并由备案机关责令关闭网站。

《广告法》（2018年10月26日）

第三十四条 广告经营者、广告发布者应当按照国家有关规定，建立、健全广告业务的承接登记、审核、档案管理制度。

广告经营者、广告发布者依据法律、行政法规查验有关证明文件，核对广告内容。对内容不符或者证明文件不全的广告，广告经营者不得提供设计、制作、代理服务，广告发布者不得发布。

第六十一条第一款　违反本法第三十四条规定，广告经营者、广告发布者未按照国家有关规定建立、健全广告业务管理制度的，或者未对广告内容进行核对的，由市场监督管理部门责令改正，可以处五万元以下的罚款。

第三十五条　金融机构、非银行支付机构未履行防范非法集资义务的，由国务院金融管理部门或者其分支机构、派出机构按照职责分工责令改正，给予警告，没收违法所得；造成严重后果的，处 100 万元以上 500 万元以下的罚款，对直接负责的主管人员和其他直接责任人员给予警告，处 10 万元以上 50 万元以下的罚款。

【本条宗旨】

本条是关于金融机构、非银行支付机构未履行或未完全履行防范非法集资法定义务的责任，旨在通过金融机构、非银行支付机构来阻碍非法集资的发生。

【内容解读】

本条适用的前提是金融机构、非银行支付机构未履行防范非法集资义务。这些机构未履行防范非法集资的法定职责，不仅违反《银行业监督管理法》《非金融机构支付服务管理办法》《非银行支付机构网络支付业务管理办法》等规定，还属于“未履行”或者“未按规定履行”或者“未能完全履行”防范非法集资的法律法规、规章以及本《条例》的规定的职责，需要承担相应的行政责任。本条包括四个方面的责任形式：

一是由国务院金融管理部门或者其分支机构、派出机构根据处罚权限和职责分工责令金融机构、非银行支付机构改正，并给予警告。有非法所得的，没收违法所得。金融机构、非银行支付机构应当予以纠正，并按照规定履行防范非法集资。

二是金融机构、非银行支付机构因未按照规定履行防范职责造成严重后果的，处100万元以上500万元以下的罚款。其中，情节严重是指违反本《条例》造成的严重后果或者情节恶劣（责令改正没有改正、多次受到处罚的等）。

三是对于造成严重后果的，对直接负责的主管人员和其他直接责任人员给予警告，处10万元以上50万元以下的罚款。对于直接负责的主管人员和其他直接责任人员从中获得利益的，依法追缴。

【实务要点】

本条主要参考了《取缔办法》第二十四条的规定："金融机构违反规定，为非法金融机构或者非法金融业务活动开立账户、办理结算或者提供贷款的，由中国人民银行责令改正，没收违法所得，并处违法所得1倍以上5倍以下的罚款；没有违法所得的，处10万元以上50万元以下的罚款；对直接负责的主管人员和其他直接责任人员依法给予纪律处分；构成犯罪的，依法追究刑事责任。"对于"责令改正"而未改正的，应当依法予以处罚。同时，不限于本《条例》第十三条的规定，规定的范围比通过草案的范围更加广泛。

另外，本条对金融机构、非银行支付机构规定的责任限定在“未按照规定履行防范非法集资的”，即仅限于“防范”，而在“处置”过程如果存在类似行为不宜按照本条进行处罚。要注意的是，对于直接负责人的处罚，仅限于造成严重后果的情形。

【参考依据】

《银行业监督管理法》（2006 年 10 月 31 日）

第四十八条　银行业金融机构违反法律、行政法规以及国家有关银行业监督管理规定的，银行业监督管理机构除依照本法第四十四条至第四十七条规定处罚外，还可以区别不同情形，采取下列措施：

（一）责令银行业金融机构对直接负责的董事、高级管理人员和其他直接责任人员给予纪律处分；

（二）银行业金融机构的行为尚不构成犯罪的，对直接负责的董事、高级管理人员和其他直接责任人员给予警告，处五万元以上五十万元以下罚款；

（三）取消直接负责的董事、高级管理人员一定期限直至终身的任职资格，禁止直接负责的董事、高级管理人员和其他直接责任人员一定期限直至终身从事银行业工作。

第四十九条　阻碍银行业监督管理机构工作人员依法执行检查、调查职务的，由公安机关依法给予治安管理处罚；构成犯罪的，依法追究刑事责任。

《非金融机构支付服务管理办法》（2020年4月29日）

第四十四条　支付机构未按规定履行反洗钱义务的，中国人民银行及其分支机构依据国家有关反洗钱法律法规等进行处罚；情节严重的，中国人民银行注销其《支付业务许可证》。

第三十六条　与被调查事件有关的单位和个人不配合调查，拒绝提供相关文件、资料、电子数据等或者提供虚假文件、资料、电子数据等的，由处置非法集资牵头部门责令改正，给予警告，处5万元以上50万元以下的罚款。

阻碍调查人员依法执行职务，构成违反治安管理行为的，由公安机关依法给予治安管理处罚；构成犯罪的，依法追究刑事责任。

【本条宗旨】

本条是对拒绝、阻碍调查非法集资行政责任的规定，旨在通过处罚消除影响处置非法集资牵头部门及其调查人员依法调查非法集资职务行为的障碍。

【内容解读】

本条共两款，是关于拒绝、阻碍调查非法集资承担的本《条例》规定的责任和其他法律规定的行政处罚和刑事责任。

第一款规定了与被调查事件有关的单位和个人不配合调查，拒绝提供或者提供虚假文件、资料、电子数据等的责任。对于违反本《条例》义务或者影响处置非法集资牵头部门组织调查措施的，应当及时改正，并接受警告，处5万元以上50万元以下的罚款。涉及的行为包括不配合调查（包括消极地拖延、借故致使调查不能），拒绝提供相关文件、资料、电子数据等，或者提供虚假文件、资料、电子数据等。这些行为均影响调查的顺利进行，需要给予处罚，以保证其调查行为顺利、有效进行，及时处置非法集资行为。

第二款规定了妨碍执行公务的法律责任。阻碍处置非法集资牵头部门及其调查人员依法执行职务的，构成违反治安管理行为，由公安机关依法给予治安管理处罚。阻碍调查人员依法执行职务的行为主要包括依法调查行为、依法采取调查措施、依法采取限制性措施等，其拒绝、阻碍主体既包括非法集资人，也包括协助调查人或者配合调查人；其行为既包括采取积极的作为，也包括消极的不作为。对此构成违反治安管理行为的，依照《治安管理处罚法》予以警告、罚款或者行政拘留。

对于以暴力、威胁方法阻碍调查人员依法执行职务的，依法追究刑事责任。采用暴力、威胁方法已经严重影响或者干扰了非法集资部门依法执行职务，对于构成犯罪的，应当依法移送公安机关，追究刑事责任。其构成的罪名为妨碍执行公务罪，是指以暴力、威胁方法，阻碍国家工作人员依法执行职务的行为。按我国刑法的规定，属于妨害社会管理秩序罪。其侵犯的客体是国家工作人员正常的职务活动；主观上出于故意，并具有企图迫使国家工作人员停止执行职务的目的；客观上实施了以捆绑、殴打等暴力手段，或者以加害、损害名誉、揭发隐私等方法相威胁，迫使国家工作人员停止或变更依法应执行的职务的行为。对于尚不构成犯罪的，可依法给予治安管理处罚。

【实务要点】

本条在《条例》中增加了草案没有规定的“电子数据等”，体现证据材料或者原始材料的现代信息化。本条与《取缔办法》相比，将拒绝、阻碍处置非法集资牵头部门以及调查人员依法执行职务的行为作了不同程度的区分，根据情节以及后果，确定处罚的轻重，使处罚符合比例原则。对此条应结合两款的规定分别处罚，也可以并罚，既罚款，又治安处罚。

【参考依据】

《银行业监督管理法》（2006 年 10 月 31 日）

第四十九条 阻碍银行业监督管理机构工作人员依法执行检查、调查职务的，由公安机关依法给予治安管理处罚；构成犯罪的，依法追究刑事责任。

《证券法》（2019 年 12 月 28 日）

第二百一十八条 拒绝、阻碍证券监督管理机构及其工作人员依法行使监督检查、调查职权，由证券监督管理机构责令改正，处以十万元以上一百万元以下的罚款，并由公安机关依法给予治安管理处罚。

《治安管理处罚法》（2012 年 10 月 26 日）

第五十条　有下列行为之一的，处警告或者二百元以下罚款；情节严重的，处五日以上十日以下拘留，可以并处五百元以下罚款：

（一）拒不执行人民政府在紧急状态情况下依法发布的决定、命令的；

（二）阻碍国家机关工作人员依法执行职务的；

（三）阻碍执行紧急任务的消防车、救护车、工程抢险车、警车等车辆通行的；

（四）强行冲闯公安机关设置的警戒带、警戒区的。

阻碍人民警察依法执行职务的，从重处罚。

《融资担保公司监督管理条例》（2017 年 8 月 2 日）

第四十二条　融资担保公司有下列情形之一的，由监督管理部门责令限期改正，处 20 万元以上 50 万元以下的罚款；逾期不改正的，责令停业整顿，情节严重的，吊销其融资担保业务经营许可证；构成违反治安管理行为的，依照《中华人民共和国治安管理处罚法》予以处罚；构成犯罪的，依法追究刑事责任：

（一）拒绝、阻碍监督管理部门依法实施监督检查；

（二）向监督管理部门提供虚假的经营报告、财务报告、年度审计报告等文件、资料；

（三）拒绝执行监督管理部门依照本条例第三十条第一款规定采取的措施。

《刑法》（2020年12月26日）

第二百七十七条［妨害公务罪］第一款 以暴力、威胁方法阻碍国家机关工作人员依法执行职务的，处三年以下有期徒刑、拘役、管制或者罚金。

第三十七条 国家机关工作人员有下列行为之一的，依法给予处分：

（一）明知所主管、监管的单位有涉嫌非法集资行为，未依法及时处理；

（二）未按照规定及时履行对非法集资的防范职责，或者不配合非法集资处置，造成严重后果；

（三）在防范和处置非法集资过程中滥用职权、玩忽职守、徇私舞弊；

（四）通过职务行为或者利用职务影响，支持、包庇、纵容非法集资。

前款规定的行为构成犯罪的，依法追究刑事责任。

【本条宗旨】

本条规定了对国家机关工作人员不适当履行防范和处置非法集资工作职责的行政处分以及刑事责任，旨在促进其积极履行防范和处置非法集资的职责，恪尽职守，维护职务的廉洁性。

【内容解读】

本条共两款，其适用主体为负有防范和处置非法集资牵头部门和其他有关部门的国家工作人员，适用条件是上述工作人员在履行防范和处置非法集资职责中有滥用职权、玩忽职守、徇私舞弊等违法行为，对此给予其行政处分，构成犯罪的，追究刑事责任。

第一款规定了国家机关工作人员的行政处分。行政处分是指国家行政机关依照行政隶属关系给予有违法失职行为的国家机关公务人员的一种惩罚措施，包括警告、记过、记大过、降级、撤职、留用察看、开除。给予行政处分应当事实清楚、证据确凿、定性准确、处理恰当、程序合法、手续完备。

一是国家工作人员是指国家机关、企事业单位和其他依照法律从事公务的人员。包括在国家各级权力机关、各级行政机关、各级司法机关、各级军事机关、国有公司、企业、事业单位、人民团体中从事公务的人员，以及国家机关、国有公司、企业、事业单位委派到非国有公司、企业、事业单位、社会团体中从事公务的人员。其他依法从事公务，并领取相应报酬的人员也属于国家工作人员的范畴。这里强调的是“国家机关工作人员”，仅指国家机关从事公务的人员或者由国家行政拨款并主要承担防范和处置非法集资职责的人员。

二是这些行为包括：（1）明知所主管、监管的单位有涉嫌非法集资行为，未依法及时处理。其中，明知是指“知道或者应当知道”。“应当知道”一般是指行为人事实上不知，其主观心态，应当以一般人的标准认定，并基于专业背景、工作经历等综合判断。重点是未依法及时处理，其中是否超过法律规定的权限或者期限是关键。（2）未按照规定及时履行对非法集资的防范职责，或者不配合非法集资处置，造成严重后果。造成严重后果的，一般指因非法集资造成恶劣影响的，或者损失严重，或者出现恶性事件的等。这些后果是因为未按照规定及时履行对非法集资的防范职责或者不配合非法集资处置带来的，其相互之间存在因果关系。（3）在防范和处置非法集资过程中滥用职权、玩忽职守、徇私舞弊。所谓滥用职权，是指国家机关工作人员在防范和处置非法集资过程中违反法律、法规规定或者超越法定权限行使职权的行为。既包括行使职权违反法律、法规规定，也包括行使职权超越法律、法规规定。所谓玩忽职守，是指国家机关工作人员不履行或者不正确履行法律、法规所规定的防范和处置非法集资职责的行为。其中不履行职责是指职责上的不作为，不尽职责或者擅离职守，对工作马马虎虎，漫不经心，不负责任。所谓徇私舞弊，是指国家机关工作人员为了私情或者谋取私利，故意违反事实和法律，作枉法处理或者枉法决定的行为。（4）通过职务行为或者利用职务影响，支持、包庇、纵容非法集资。其中，支持、包庇、纵容主要包括事前的弄虚作假和事后的隐瞒案情，也包括有案不立、立案不查、查案不力，为非法集资提供便利条件，帮助非法集资人逃避惩处等行为。

第二款规定了刑事责任，对于违反本条四项内容，符合刑法规定构成犯罪的，依法追究刑事责任。其中涉及的犯罪主要是滥用职权罪、玩忽职守罪、徇私舞弊罪。构成滥用职权罪、玩忽职守罪，判处3年以下有期徒刑或者拘役；情节特别严重的，处3年以上7年以下有期徒刑。构成徇私舞弊罪的，处5年以下有期徒刑或者拘役；情节特别严重的，处5年以上10年以下有期徒刑。同时还可能涉及受贿罪等。

【实务要点】

本条没有规定开放性兜底条款，沿用了《取缔办法》第二十七条规定的中国人民银行、公安机关和市场监督管理机关工作人员玩忽职守、滥用职权、徇私舞弊，构成犯罪的，依法追究刑事责任；尚不构成犯罪的，依法给予行政处分。本条是基于“行政法是控权法”而作出的规定，要求国家机关工作人员在履行防范和处置非法集资职责时，必须严格依法进行，必须在法律规定的实体及程序范围内行使职权，不能滥用或超越职权，也不得消极对待或怠于行使。有滥用职权、玩忽职守、徇私舞弊行为的，应当给予行政处分。本条规定的是行政处分，不是行政处罚，行政处罚的适用对象限于行政相对人。

基于参与非法集资人的非法利益不受法律保护，组织非法集资人将受到严厉惩处，包庇纵容非法集资行为的公职人员则要受到严肃问责的要求，对国家机关工作人员的以下五种行为进行问责，这些行为包括：明知单位或者个人所申请的机构或者业务涉嫌非法集资，仍为其办理行政许可或者注册登记手续；明知所主管、监管的单位有涉嫌非法集资行为，未依法及时处理或者未移送处置非法集资职能部门；未按照规定履行对非法集资的监测预警职责，造成严重后果的；在处置非法集资过程中滥用职权、玩忽职守、徇私舞弊；其他纵容、包庇非法集资的行为。国家机关工作人员是指国家机关中从事公务的人员，包括在各级国家权力机关、行政机关、司法机关、军事机关、监察机关中从事公务的人员。在依照法律、法规规定行使国家行政管理职权的组织中从事公务的人员，或者在受国家机关委托代表国家行使职权的组织中从事公务的人员，在代表国家机关行使职权时，视为国家机关工作人员。在乡（镇）以上中国共产党机关、人民政协机关中从事公务的人员，视为国家机关工作人员。国家工作人员在受处分期间不得晋升职务、职级和级别，其中受记过、记大过、降级、撤职处分的，不得晋升工资档次。受处分的期间为：警告，六个月；记过，十二个月；记大过，十八个月；降级、撤职，二十四个月。受撤职处分的，按照规定降低级别。对同一违纪违法行为，监察机关已经作出政务处分决定的，公务员所在机关不再给予处分。

另外，本条也警示国家机关工作人员要充分认识防范和处置非法金融的严肃性，严格遵守相关规定，自觉抵制、远离非法金融活动；同时要规范自身行为，保持高度警觉，强化自律意识，审慎出席、参与企业开业、庆典、签约等活动，防止企业以此作为开展非法融资相关的宣传资料，误导或骗取群众信任，影响政府形象和降低政府威信。

【参考依据】

《行政处罚法》（2021 年 1 月 22 日）

第八十三条　行政机关对应当予以制止和处罚的违

法行为不予制止、处罚，致使公民、法人或者其他组织的合法权益、公共利益和社会秩序遭受损害的，对直接负责的主管人员和其他直接责任人员依法给予处分；情节严重构成犯罪的，依法追究刑事责任。

《银行业监督管理法》（2006 年 10 月 31 日）

第四十三条第一款　银行业监督管理机构从事监督管理工作的人员有下列情形之一的，依法给予行政处分；构成犯罪的，依法追究刑事责任：

（一）违反规定审查批准银行业金融机构的设立、变更、终止，以及业务范围和业务范围内的业务品种的；

（二）违反规定对银行业金融机构进行现场检查的；

（三）未依照本法第二十八条规定报告突发事件的；

（四）违反规定查询账户或者申请冻结资金的；

（五）违反规定对银行业金融机构采取措施或者处罚的；

（六）违反本法第四十二条规定对有关单位或者个人进行调查的；

（七）滥用职权、玩忽职守的其他行为。

《证券法》（2019 年 12 月 28 日）

第二百一十六条　国务院证券监督管理机构或者国

务院授权的部门有下列情形之一的，对直接负责的主管人员和其他直接责任人员，依法给予处分：

（一）对不符合本法规定的发行证券、设立证券公司等申请予以核准、注册、批准的；

（二）违反本法规定采取现场检查、调查取证、查询、冻结或者查封等措施的；

（三）违反本法规定对有关机构和人员采取监督管理措施的；

（四）违反本法规定对有关机构和人员实施行政处罚的；

（五）其他不依法履行职责的行为。

第二百一十七条 国务院证券监督管理机构或者国务院授权的部门的工作人员，不履行本法规定的职责，滥用职权、玩忽职守，利用职务便利牟取不正当利益，或者泄露所知悉的有关单位和个人的商业秘密的，依法追究法律责任。

《非金融机构支付服务管理办法》（2020年4月29日）

第四十条 中国人民银行及其分支机构的工作人员有下列情形之一的，依法给予行政处分；构成犯罪的，依法追究刑事责任：

（一）违反规定审查批准《支付业务许可证》的申请、变更、终止等事项的；

（二）违反规定对支付机构进行检查的；

（三）泄露知悉的国家秘密或商业秘密的；

（四）滥用职权、玩忽职守的其他行为。

第五章　附　　则

【本章概述】

本章是关于本《条例》规定的非法集资以外的其他非法金融业务活动调整法律的适用以及适用《条例》及《条例》生效时间的规定。作为附则是《条例》的组成部分，所规定的内容是条例不便规定而又必须加以规范的内容，和主文具有同等的法律效力。对附则的违反，也是违法。

本章共有三条（第三十八条至第四十条）。规定了制定细则的权限、非法集资以外其他非法金融业务活动防范和处置以及主管部门的规定，同时规定了《条例》的生效时间以及其他相关行政法规不再适用的规定。

第三十八条　各省、自治区、直辖市可以根据本条例制定防范和处置非法集资工作实施细则。

【本条宗旨】

本条规定了各省、自治区、直辖市根据本《条例》制定防范和处置非法集资工作实施细则的权力，旨在发挥不同地区优势保证《条例》的有效执行。

【内容解读】

本条是关于各省、自治区、直辖市根据本《条例》制定防范和处置非法集资工作实施细则的规定。包括以下三个层次的内容：一是本《条例》授权的主体是各省、自治区、直辖市人民政府，其他主体没有权限。二是各省、自治区、直辖市人民政府根据本《条例》，结合各省、自治区、直辖市的实际情况，立足新的形势要求和执法实际，进一步完善和细化了防范和处置非法集资的相关规定的工作程序。三是各省、自治区、直辖市人民政府是可以制定，并非必须或者应当制定，是否制定取决于各省、自治区、直辖市人民政府是否有必要。一般情况，各省、自治区、直辖市人民政府都会根据本行政区域的特点制定相应的实施细则，其名称也可为“办法”。

【实务要点】

各省、自治区、直辖市根据本《条例》制定防范和处置非法集资工作实施细则时，应体现地方特色，严格遵循地方法规规章制定权限和制定程序，不得同法律相抵触，不得同本《条例》相抵触。一旦发现有抵触或者超越权限的，由全国人大常委会以及国务院及时责令改正或者予以撤销。同时，制定工作实施细则一般应报联席会议，省级政府不得再次授权其他主体制定。

【参考依据】

《立法法》（2015年3月15日）

第八十二条第一款、第二款 省、自治区、直辖市和设区的市、自治州的人民政府，可以根据法律、行政法规和本省、自治区、直辖市的地方性法规，制定规章。

地方政府规章可以就下列事项作出规定：

（一）为执行法律、行政法规、地方性法规的规定需要制定规章的事项；

（二）属于本行政区域的具体行政管理事项。

《规章制定程序条例》（2017年12月22日）

第二十七条　部门规章应当经部务会议或者委员会会议决定。

地方政府规章应当经政府常务会议或者全体会议决定。

第三十九条　未经依法许可或者违反国家金融管理规定，擅自从事发放贷款、支付结算、票据贴现等金融业务活动的，由国务院金融管理部门或者地方金融管理部门按照监督管理职责分工进行处置。

法律、行政法规对其他非法金融业务活动的防范和处置没有明确规定的，参照本条例的有关规定执行。其他非法金融业务活动的具体类型由国务院金融管理部门确定。

【本条宗旨】

本条是关于非法集资以外其他非法金融业务活动的防范和处置法律适用的规定，旨在为非法集资以及其他非法金融业务活动适用法律提供依据。

【内容解读】

本条包括三个方面的内容：一是对于未经依法许可或者违反国家金融管理规定，擅自从事发放贷款、支付结算、票据贴现等金融业务活动的，由国务院金融管理部门或者地方金融管理部门按照监督管理职责分工进行处理。商业银行主要的业务范围有吸收公众存款、发放贷款以及办理票据贴现等，对此需要经过国务院金融管理部门许可，属于银保监会的许可范围，擅自从事这类活动由国务院金融管理部门进行处理。根据中央部署，地方金融监督管理局的监管范围是“7+4”，即：负责对小额贷款公司、融资担保公司、区域性股权市场、典当行、融资租赁公司、商业保理公司、地方资产管理公司等金融机构实施监管，强化对投资公司、开展信用互助的农民专业合作社、社会众筹机构、地方各类交易所等的监管。这类地方金融组织不涉及吸收存款问题，所以，规定为适用本《条例》的例外。

二是法律、行政法规对其他非法金融业务活动的防范和处置，如果其他法律、行政法规有规定，按照其他法律、行政法规执行；没有规定的，参照本《条例》执行。也就是说，当非法集资以外的其他非法金融业务活动的防范和处置，其他法律、行政法规和本《条例》均有规定，只是规定的内容不同时，应当按照其他法律、行政法规执行。

三是其他非法金融业务活动的具体类型，由国务院金融监督管理部门确定，国务院行政法规对此明确了确定的具体部门，仅限于其他非法金融业务活动的具体类型，而非其他非法金融业务活动。对此，应在国务院金融监督管理部门确定具体类型后，基于不同类型选择适用《条例》还是其他法律法规。

【实务要点】

本《条例》对于非法集资以外其他非法金融业务活动的防范和处置规定了“参照本条例的有关规定执行”。“遵照”“参照”和“比照”具有不同的含义。“遵照”

有按照之意，要求的力度更强，不得变通。“参照”是借助一些事物中共有的形象概念作为标准，参考并对照比较后的结果，参照有参考之意，也可不参照。“比照”有对比之后再决定是否照搬，可以照用，也可以不照用。基于以上分析，在适用中，符合本《条例》情形的，一般应当“参照本条例执行”；尽管允许不参照执行，但不参照需要说明理由，不可任意为之。

基于《条例》对其他非法金融业务活动具体类型的确定权，应在条例实施前确定，否则影响对其他非法金融业务活动的处置。

【参考依据】

《商业银行法》（2015 年 8 月 29 日）

第八十一条第一款　未经国务院银行业监督管理机构批准，擅自设立商业银行，或者非法吸收公众存款、变相吸收公众存款，构成犯罪的，依法追究刑事责任；并由国务院银行业监督管理机构予以取缔。

《银行业监督管理法》（2006 年 10 月 31 日）

第四十四条　擅自设立银行业金融机构或者非法从事银行业金融机构的业务活动的，由国务院银行业监督管理机构予以取缔；构成犯罪的，依法追究刑事责任；尚不构成犯罪的，由国务院银行业监督管理机构没收违法所得，违法所得五十万元以上的，并处违法所得一倍以上五倍以下罚款；没有违法所得或者违法所得不足五十万元的，处五十万元以上二百万元以下罚款。

第四十条　本条例自2021年5月1日起施行。1998年7月13日国务院发布的《非法金融机构和非法金融业务活动取缔办法》同时废止。

【本条宗旨】

本条是关于《条例》实施时间的规定，旨在为《条例》生效确定时间。

【内容解读】

本条规定了两个方面的内容：

一是确定了《条例》生效的时间，即从2021年5月

1 日起实施。一般而言，对于《条例》实施以前发生的非法集资案件，《条例》没有溯及既往的效力，不得基于《条例》的规定予以处罚。但对于发生在《条例》以前到实施还没有结束的，可以适用《条例》的规定，但对以前的行为处罚应当考虑从轻。

二是确立了国务院发布的《取缔办法》的废止时间，不再以此作为处置非法集资的依据。目前《取缔办法》关于非法金融活动处置的部分内容在商业银行法、证券法、保险法、外汇管理条例等法律、行政法规中已有较为明确的规定。《条例》又对处置非法集资机制等作了相应规定，对于未经依法许可或者违反国家金融管理规定，擅自从事发放贷款、支付结算、票据贴现等金融业务活动的，《条例》明确由国务院金融管理部门或者地方金融管理部门按照监督管理职责分工进行处置；同时规定，法律、行政法规对其他非法金融业务活动的防范和处置没有明确规定的，参照本《条例》有关规定执行。《条例》作出上述规定后，《取缔办法》内容已被有关法律法规涵盖，因此，《条例》施行时，《取缔办法》同时废止。

【实务要点】

《条例》之所以规定了从 2021 年 5 月 1 日生效，是因为《条例》的执行需要具备一定的条件。例如，县级人民政府确定处置非法集资牵头部门，需要考虑人员以及执法资格等问题，这不是短时间能够完成的；同时《条例》的学习和理解也需要预留一定的时间，以便为实施创造良好的条件。

另外，在规定《条例》实施时间的同时，又规定了国务院发布的《取缔办法》同时废止，表明《条例》作为新法替代了《取缔办法》的旧法。但对废止前发生的非法集资的处理应当按照“从旧兼从轻”的原则处理。

【参考依据】

《行政法规制定程序条例》（2017 年 12 月 22 日）

第二十九条　行政法规应当自公布之日起 30 日后施行；但是，涉及国家安全、外汇汇率、货币政策的确定以及公布后不立即施行将有碍行政法规施行的，可以自公布之日起施行。

关联法规

防范和处置非法集资条例

（2020年12月21日国务院第119次常务会议通过　2021年1月26日中华人民共和国国务院令第737号公布　自2021年5月1日起施行）

第一章　总　　则

第一条　为了防范和处置非法集资，保护社会公众合法权益，防范化解金融风险，维护经济秩序和社会稳定，制定本条例。

第二条　本条例所称非法集资，是指未经国务院金融管理部门依法许可或者违反国家金融管理规定，以许诺还本付息或者给予其他投资回报等方式，向不特定对象吸收资金的行为。

非法集资的防范以及行政机关对非法集资的处置，适用本条例。法律、行政法规对非法从事银行、证券、保险、外汇等金融业务活动另有规定的，适用其规定。

本条例所称国务院金融管理部门，是指中国人民银行、国务院金融监督管理机构和国务院外汇管理部门。

第三条 本条例所称非法集资人，是指发起、主导或者组织实施非法集资的单位和个人；所称非法集资协助人，是指明知是非法集资而为其提供帮助并获取经济利益的单位和个人。

第四条 国家禁止任何形式的非法集资，对非法集资坚持防范为主、打早打小、综合治理、稳妥处置的原则。

第五条 省、自治区、直辖市人民政府对本行政区域内防范和处置非法集资工作负总责，地方各级人民政府应当建立健全政府统一领导的防范和处置非法集资工作机制。县级以上地方人民政府应当明确防范和处置非法集资工作机制的牵头部门（以下简称处置非法集资牵头部门），有关部门以及国务院金融管理部门分支机构、派出机构等单位参加工作机制；乡镇人民政府应当明确牵头负责防范和处置非法集资工作的人员。上级地方人民政府应当督促、指导下级地方人民政府做好本行政区域防范和处置非法集资工作。

行业主管部门、监管部门应当按照职责分工，负责本行业、领域非法集资的防范和配合处置工作。

第六条 国务院建立处置非法集资部际联席会议（以下简称联席会议）制度。联席会议由国务院银行保险监督管理机构牵头，有关部门参加，负责督促、指导有关部门和地方开展防范和处置非法集资工作，协调解决防范和处置非法集资工作中的重大问题。

第七条 各级人民政府应当合理保障防范和处置非法集资工作相关经费，并列入本级预算。

第二章 防 范

第八条 地方各级人民政府应当建立非法集资监测预警机制，纳入社会治安综合治理体系，发挥网格化管理和基层群众自治组织的作用，运用大数据等现代信息技术手段，加强对非法集资的监测预警。

行业主管部门、监管部门应当强化日常监督管理，负责本行业、领域非法集资的风险排查和监测预警。

联席会议应当建立健全全国非法集资监测预警体系，推动建设国家监测预警平台，促进地方、部门信息共享，加强非法集资风险研判，及时预警提示。

第九条 市场监督管理部门应当加强企业、个体工商户名称和经营范围等商事登记管理。除法律、行政法规和国家另有规定外，企业、个体工商户名称和经营范围中不得包含“金融”、“交易所”、“交易中心”、“理财”、“财富管理”、“股权众筹”等字样或者内容。

县级以上地方人民政府处置非法集资牵头部门、市场监督管理部门等有关部门应当建立会商机制，发现企业、个体工商户名称或者经营范围中包含前款规定以外的其他与集资有关的字样或者内容的，及时予以重点关注。

第十条 处置非法集资牵头部门会同互联网信息内容管理部门、电信主管部门加强对涉嫌非法集资的互联网信息和网站、移动应用程序等互联网应用的监测。经处置非法集资牵头部门组织认定为用于非法集资的，互联网信息内容管理部门、电信主管部门应当及时依法作出处理。

互联网信息服务提供者应当加强对用户发布信息的管理，不得制作、复制、发布、传播涉嫌非法集资的信息。发现涉嫌非法集资的信息，应当保存有关记录，并向处置非法集资牵头部门报告。

第十一条 除国家另有规定外，任何单位和个人不得发布包含集资内容的广告或者以其他方式向社会公众进行集资宣传。

市场监督管理部门会同处置非法集资牵头部门加强对涉嫌非法集资广告的监测。经处置非法集资牵头部门组织认定为非法集资的，市场监督管理部门应当及时依法查处相关非法集资广告。

广告经营者、广告发布者应当依照法律、行政法规查验相关证明文件，核对广告内容。对没有相关证明文件且包含集资内容的广告，广告经营者不得提供设计、制作、代理服务，广告发布者不得发布。

第十二条 处置非法集资牵头部门与所在地国务院金融管理部门分支机构、派出机构应当建立非法集资可疑资金监测机制。国务院金融管理部门及其分支机构、派出机构应当按照职责分工督促、指导金融机构、非银行支付机构加强对资金异常流动情况及其他涉嫌非法集资可疑资金的监测工作。

第十三条 金融机构、非银行支付机构应当履行下列防范非法集资的义务：

（一）建立健全内部管理制度，禁止分支机构和员工参与非法集资，防止他人利用其经营场所、销售渠道从事非法集资；

（二）加强对社会公众防范非法集资的宣传教育，在经营场所醒目位置设置警示标识；

（三）依法严格执行大额交易和可疑交易报告制度，对涉嫌非法集资资金异常流动的相关账户进行分析识别，并将有关情况及时报告所在地国务院金融管理部门分支机构、派出机构和处置非法集资牵头部门。

第十四条 行业协会、商会应当加强行业自律管理、自我约束，督促、引导成员积极防范非法集资，不组织、不协助、不参与非法集资。

第十五条 联席会议应当建立中央和地方上下联动的防范非法集资宣传教育工作机制，推动全国范围内防范非法集资宣传教育工作。

地方各级人民政府应当开展常态化的防范非法集资宣传教育工作，充分运用各类媒介或者载体，以法律政策解读、典型案例剖析、投资风险教育等方式，向社会公众宣传非法集资的违法性、危害性及其表现形式等，增强社会公众对非法集资的防范意识和识别能力。

行业主管部门、监管部门以及行业协会、商会应当根据本行业、领域非法集资风险特点，有针对性地开展防范非法集资宣传教育活动。

新闻媒体应当开展防范非法集资公益宣传，并依法对非法集资进行舆论监督。

第十六条 对涉嫌非法集资行为，任何单位和个人有权向处置非法集资牵头部门或者其他有关部门举报。

国家鼓励对涉嫌非法集资行为进行举报。处置非法集资牵头部门以及其他有关部门应当公开举报电话和邮箱等举报方式、在政府网站设置举报专栏，接受举报，及时依法处理，并为举报人保密。

第十七条 居民委员会、村民委员会发现所在区域有涉嫌非法集资行为的，应当向当地人民政府、处置非法集资牵头部门或者其他有关部门报告。

第十八条 处置非法集资牵头部门和行业主管部门、监管部门发现本行政区域或者本行业、领域可能存在非法集资风险的，有权对相关单位和个人进行警示约谈，责令整改。

第三章 处　　置

第十九条 对本行政区域内的下列行为，涉嫌非法集资的，处置非法集资牵头部门应当及时组织有关行业主管部门、监管部门以及国务院金融管理部门分支机构、派出机构进行调查认定：

（一）设立互联网企业、投资及投资咨询类企业、各类交易场所或者平台、农民专业合作社、资金互助组织以及其他组织吸收资金；

（二）以发行或者转让股权、债权，募集基金，销售保险产品，或者以从事各类资产管理、虚拟货币、融资租赁业务等名义吸收资金；

（三）在销售商品、提供服务、投资项目等商业活动中，以承诺给付货币、股权、实物等回报的形式吸收资金；

（四）违反法律、行政法规或者国家有关规定，通过大众传播媒介、即时通信工具或者其他方式公开传播吸收资金信息；

（五）其他涉嫌非法集资的行为。

第二十条 对跨行政区域的涉嫌非法集资行为，非法集资人为单位的，由其登记地处置非法集资牵头部门组织调查认定；非法集资人为个人的，由其住所地或者经常居住地处置非法集资牵头部门组织调查认定。非法集资行为发生地、集资资产所在地以及集资参与人所在地处置非法集资牵头部门应当配合调查认定工作。

处置非法集资牵头部门对组织调查认定职责存在争议的，由其共同的上级处置非法集资牵头部门确定；对跨省、自治区、直辖市组织调查认定职责存在争议的，由联席会议确定。

第二十一条 处置非法集资牵头部门组织调查涉嫌非法集资行为，可以采取下列措施：

（一）进入涉嫌非法集资的场所进行调查取证；

（二）询问与被调查事件有关的单位和个人，要求其对有关事项作出说明；

（三）查阅、复制与被调查事件有关的文件、资料、电子数据等，对可能被转移、隐匿或者毁损的文件、资料、电子设备等予以封存；

（四）经处置非法集资牵头部门主要负责人批准，依法查询涉嫌非法集资的有关账户。

调查人员不得少于2人，并应当出示执法证件。

与被调查事件有关的单位和个人应当配合调查，不得拒绝、阻碍。

第二十二条 处置非法集资牵头部门对涉嫌非法集资行为组织调查，有权要求暂停集资行为，通知市场监督管理部门或者其他有关部门暂停为涉嫌非法集资的有关单位办理设立、变更或者注销登记。

第二十三条 经调查认定属于非法集资的，处置非法集资牵头部门应当责令非法集资人、非法集资协助人立即停止有关非法活动；发现涉嫌犯罪的，应当按照规定及时将案件移送公安机关，并配合做好相关工作。

行政机关对非法集资行为的调查认定，不是依法追究刑事责任的必经程序。

第二十四条 根据处置非法集资的需要，处置非法集资牵头部门可以采取下列措施：

（一）查封有关经营场所，查封、扣押有关资产；

（二）责令非法集资人、非法集资协助人追回、变价出售有关资产用于清退集资资金；

（三）经设区的市级以上地方人民政府处置非法集资牵头部门决定，按照规定通知出入境边防检查机关，限制非法集资的个人或者非法集资单位的控股股东、实际控制人、董事、监事、高级管理人员以及其他直接责任人员出境。

采取前款第一项、第二项规定的措施，应当经处置非法集资牵头部门主要负责人批准。

第二十五条 非法集资人、非法集资协助人应当向集资参与人清退集资资金。清退过程应当接受处置非法集资牵头部门监督。

任何单位和个人不得从非法集资中获取经济利益。

因参与非法集资受到的损失，由集资参与人自行承担。

第二十六条 清退集资资金来源包括：

（一）非法集资资金余额；

（二）非法集资资金的收益或者转换的其他资产及其收益；

（三）非法集资人及其股东、实际控制人、董事、监事、高级管理人员和其他相关人员从非法集资中获得的经济利益；

（四）非法集资人隐匿、转移的非法集资资金或者相关资产；

（五）在非法集资中获得的广告费、代言费、代理费、好处费、返点费、佣金、提成等经济利益；

（六）可以作为清退集资资金的其他资产。

第二十七条 为非法集资设立的企业、个体工商户和农民专业合作社，由市场监督管理部门吊销营业执照。

为非法集资设立的网站、开发的移动应用程序等互联网应用，由电信主管部门依法予以关闭。

第二十八条 国务院金融管理部门及其分支机构、派出机构，地方人民政府有关部门以及其他有关单位和个人，对处置非法集资工作应当给予支持、配合。

任何单位和个人不得阻挠、妨碍处置非法集资工作。

第二十九条 处置非法集资过程中，有关地方人民政府应当采取有效措施维护社会稳定。

第四章 法律责任

第三十条 对非法集资人，由处置非法集资牵头部门处集资金额20%以上1倍以下的罚款。非法集资人为单位的，还可以根据情节轻重责令停产停业，由有关机关依法吊销许可证、营业执照或者登记证书；对其法定代表人或者主要负责人、直接负责的主管人员和其他直接责任人员给予警告，处50万元以上500万元以下的罚款。构成犯罪的，依法追究刑事责任。

第三十一条 对非法集资协助人，由处置非法集资牵头部门给予警告，处违法所得1倍以上3倍以下的罚款；构成犯罪的，依法追究刑事责任。

第三十二条 非法集资人、非法集资协助人不能同时履行所承担的清退集资资金和缴纳罚款义务时，先清退集资资金。

第三十三条 对依照本条例受到行政处罚的非法集资人、非法集资协助人，由有关部门建立信用记录，按照规定将其信用记录纳入全国信用信息共享平台。

第三十四条 互联网信息服务提供者未履行对涉嫌非法集资信息的防范和处置义务的，由有关主管部门责令改正，给予警告，没收违法所得；拒不改正或者情节严重的，处10万元以上50万元以下的罚款，并可以根据情节轻重责令暂停相关业务、停业整顿、关闭网站、吊销相关业务许可证或者吊销营业执照，对直接负责的主管人员和其他直接责任人员处1万元以上10万元以下的罚款。

广告经营者、广告发布者未按照规定查验相关证明文件、核对广告内容的，由市场监督管理部门责令改正，并依照《中华人民共和国广告法》的规定予以处罚。

第三十五条 金融机构、非银行支付机构未履行防范非法集资义务的，由国务院金融管理部门或者其分支机构、派出机构按照职责分工责令改正，给予警告，没收违法所得；造成严重后果的，处100万元以上500万元以下的罚款，对直接负责的主管人员和其他直接责任人员给予警告，处10万元以上50万元以下的罚款。

第三十六条 与被调查事件有关的单位和个人不配合调查，拒绝提供相关文件、资料、电子数据等或者提供虚假文件、资料、电子数据等的，由处置非法集资牵头部门责令改正，给予警告，处5万元以上50万元以下的罚款。

阻碍调查人员依法执行职务，构成违反治安管理行为的，由公安机关依法给予治安管理处罚；构成犯罪的，依法追究刑事责任。

第三十七条 国家机关工作人员有下列行为之一的，依法给予处分：

（一）明知所主管、监管的单位有涉嫌非法集资行为，未依法及时处理；

（二）未按照规定及时履行对非法集资的防范职责，或者不配合非法集资处置，造成严重后果；

（三）在防范和处置非法集资过程中滥用职权、玩忽职守、徇私舞弊；

（四）通过职务行为或者利用职务影响，支持、包庇、纵容非法集资。

前款规定的行为构成犯罪的，依法追究刑事责任。

第五章　附　　则

第三十八条　各省、自治区、直辖市可以根据本条例制定防范和处置非法集资工作实施细则。

第三十九条　未经依法许可或者违反国家金融管理规定，擅自从事发放贷款、支付结算、票据贴现等金融业务活动的，由国务院金融管理部门或者地方金融管理部门按照监督管理职责分工进行处置。

法律、行政法规对其他非法金融业务活动的防范和处置没有明确规定的，参照本条例的有关规定执行。其他非法金融业务活动的具体类型由国务院金融管理部门确定。

第四十条　本条例自2021年5月1日起施行。1998年7月13日国务院发布的《非法金融机构和非法金融业务活动取缔办法》同时废止。

司法部、中国银保监会负责人就《防范和处置非法集资条例》答记者问

（2021 年 2 月 11 日）

2021 年 1 月 26 日，国务院总理李克强签署第 737 号国务院令，公布《防范和处置非法集资条例》（以下简称《条例》），自 2021 年 5 月 1 日起施行。日前，司法部、中国银保监会负责人就《条例》有关问题回答了记者提问。

问：《条例》出台的主要背景是什么？

答：防范和处置非法集资是一项长期、复杂、艰巨的系统性工程，关系人民群众切身利益、经济金融健康发展和社会稳定大局。党中央、国务院对此高度重视，出台有关文件明确了防范和处置非法集资的基本原则、工作机制、工作责任、具体举措和重点任务。近年来，面对非法集资案件高发多发态势，各地区各部门采取有力措施严厉打击，化解存量、遏制增量、防控变量，取得积极成效，但形势依然比较严峻。在加大刑事打击力度的同时，有必要提升行政处置效能，着力解决行政机

关防范和处置非法集资的法律依据不足、手段不够等问题。出台《条例》，用法治的办法加强重点领域监管，有利于形成齐抓共管、群防群治、各尽其责、通力协作的非法集资综合治理格局，对于防范化解风险，保护群众合法权益，具有重要意义。

问：《条例》是如何界定非法集资的？

答：《条例》所称非法集资，是指未经国务院金融管理部门依法许可或者违反国家金融管理规定，以许诺还本付息或者给予其他投资回报等方式，向不特定对象吸收资金的行为。该定义明确了非法集资的三要件：一是“未经国务院金融管理部门依法许可或者违反国家金融管理规定”，即非法性；二是“许诺还本付息或者给予其他投资回报”，即利诱性；三是“向不特定对象吸收资金”，即社会性。

《条例》还列举规定了涉嫌非法集资的常见形式，以利于地方政府及时组织调查认定和依法查处非法集资行为，也便于公众及早识别、自觉远离、积极举报非法集资行为。

问：《条例》确定的防范和处置非法集资的原则是什么？

答：《条例》贯彻落实党中央、国务院关于防范化解重大金融风险的决策部署，明确规定国家禁止任何形式的非法集资，对非法集资坚持防范为主、打早打小、综合治理、稳妥处置的原则。

一是坚持防范为主。加强监测预警，各方按职责扎实做好商事主体登记、互联网及广告管理、资金监测等工作，及时发现非法集资风险并切断传播渠道。全方位加强防范非法集资宣传教育，提高人民群众风险防范意识和识别能力，自觉抵制非法集资，从源头上减少非法集资的发生。

二是坚持打早打小。赋予处置非法集资牵头部门组织调查认定职责和相应措施手段，明确行业主管、监管部门防范和配合处置的职责，力争在萌芽阶段发现风险，在苗头状态化解隐患，防止小风险演化成大问题。

三是坚持综合治理。针对非法集资涉及面广、涉众性强的特点，在坚持省级人民政府对本行政区域内防范和处置非法集资工作负总责的同时，进一步明确行业主管、监管部门应当落实部门监管职责，规定特定市场主体、行业协会商会的义务，发挥基层自治组织、新闻媒体、人民群众的监督作用，切实形成各尽其责、齐抓共管的综合治理格局。

四是坚持稳妥处置。明确非法集资的调查处置职责以及跨地区非法集资案件的管辖原则，赋予处置非法集资牵头部门调查处置手段，对各类风险分别采取不同措施。对非法集资资金清退作出规定，最大程度减少集资参与人损失，维护社会稳定。

问：《条例》对防范和处置非法集资工作机制和职责作了哪些规定？

答：《条例》在《国务院关于进一步做好防范和处置非法集资工作的意见》（国发〔2015〕59 号）基础上，进一步明确了防范和处置非法集资工作机制，以及地方各级人民政府、行业主管、监管部门和市场主体等各方面的职责和义务。一是强调省、自治区、直辖市人民政府对本行政区域内防范和处置非法集资工作负总责。明确县级以上地方人民政府建立健全政府统一领导、有关单位参加的工作机制。考虑到乡镇工作的实际情况，要求乡镇人民政府明确牵头负责防范和处置非法集资工作的人员。二是规定县级以上地方人民政府应当明确防范和处置非法集资工作机制的牵头部门，赋予其相应的调查处置权力和手段。上级地方人民政府应当督促、指导下级地方人民政府做好相关工作。三是考虑到非法集资涉及各行业领域，与行业监管密切相关，要求行业主管、监管部门按照职责分工对本行业、领域非法集资履行防范和配合处置职责。四是国务院建立处置非法集资部际联席会议制度，联席会议由银保监会牵头、有关部门参加，负责督促、指导有关部门和地方开展防范和处置非法集资工作，协调解决重大问题。

问：《条例》在加强市场主体登记管理方面作了哪些规定？

答：金融是特许行业，一般工商企业一律不得从事或者变相从事法定金融业务，谁都不能“无照驾驶”。实践中，一些工商企业、个体工商户在名称和经营范围中使用“金融”“理财”“财富管理”“股权众筹”等字样，欺骗、误导公众，非法从事金融业务活动，成为非法集资高发领域。近年来，在互联网金融风险专项整治等防范化解风险工作中，有关部门和地方政府对企业名称登记管理采取了一些措施，取得一定成效。《条例》充分总结吸收各方面经验做法，明确除法律、行政法规和国家另有规定外，企业、个体工商户名称和经营范围中不得包含“金融”“交易所”“交易中心”“理财”“财富管理”“股权众筹”等字样或者内容。《条例》还规定，县级以上地方人民政府处置非法集资牵头部门、市场监督管理等部门建立会商机制，对企业、个体工商户名称或者经营范围中包含上述规定以外的其他与集资有关的字样或者内容的，予以重点关注，以便在市场主体登记管理环节及时发现和防范非法集资行为。

问：《条例》在涉嫌非法集资广告和互联网信息管理方面作了哪些规定？

答：通过广告和互联网传播非法集资信息，是非法集资风险扩散、蔓延的重要渠道。为有效切断非法集资信息传播链条，《条例》对广告发布规则、相关部门职责等规定了针对性措施：一是禁止违法发布集资类广告信息。《条例》规定，除国家另有规定外，任何单位和个人不得发布包含集资内容的广告或者以其他方式向社会公众进行集资宣传。二是明确监管职责。《条例》规定了市场监督管理、互联网信息内容管理、电信主管部门和处置非法集资牵头部门对涉嫌非法集资广告监测、涉嫌非法集资的互联网信息和网站、移动应用程序等互联网应用的监测职责，以及依法查处违法行为的责任，构建非法集资广告和互联网信息治理长效机制。三是压实广告经营者、广告发布者和互联网信息服务提供者责任。《条例》规定，广告经营者、广告发布者应当依照法律、行政法规查验相关证明文件，核对广告内容，对没有相关证明文件且包含集资内容的广告，广告经营者不得提供设计、制作、代理服务，广告发布者不得发布；互联网信息服务提供者应当加强对用户发布信息的管理，不得制作、复制、发布、传播涉嫌非法集资的信息。发现涉嫌非法集资的信息，应当保存有关记录，并向处置非法集资牵头部门报告。

问：《条例》对加强非法集资监测预警有哪些要求？

答：早预警、早防控是实现非法集资打早打小的重要基础。近年来，各地各部门依托信息化技术、网格化管理和基层群众自治力量，不断提升监测预警能力。国家非法集资监测预警平台已上线运行，绝大部分省份已采用技术手段开展大数据监测预警；线下群防群治深入推进，非法集资举报奖励制度实施以来，各地共收到群众举报线索 9 万余条，经核实已对近 5000 条进行奖励。已连续多年开展全国非法集资风险排查专项行动，及时发现并处置了一批苗头性风险。

基于上述实践，《条例》构建了立体化、社会化、信息化的监测预警体系。一是建立健全全国非法集资监测预警体系和预警机制，加强大数据监测。地方各级人民政府应当建立非法集资监测预警机制，纳入社会治安综合治理体系，运用大数据等现代信息技术手段，加强对非法集资的监测预警。行业主管部门、监管部门应当强化日常监督管理，负责本行业、领域非法集资的风险排查和监测预警。处置非法集资部际联席会议推动建设国家监测预警平台，促进地方、部门实现信息共享，加强非法集资风险研判，及时预警提示。二是充分发挥基层力量作用。群防群治是防范和处置非法集资的重要抓手，《条例》明确要发挥网格化管理和基层群众自治组织作用，要求各地、各部门畅通举报渠道，鼓励社会公众积极举报涉嫌非法集资行为，第一时间发现风险。三是抓住重点环节，建立非法集资可疑资金监测机制。国务院金融管理部门及其分支机构、派出机构按照职责分工督促、指导金融机构、非银行支付机构加强对资金异常流动情况及其他涉嫌非法集资可疑资金的监测工作；金融机构、非银行支付机构应当履行《条例》规定的防范非法集资义务。

问：《条例》规定了哪些行政调查、处置措施？

答：为及时有效处置非法集资，《条例》明确赋予处置非法集资牵头部门组织调查、处置涉嫌非法集资行为的相关手段措施。具体包括：在调查阶段，处置非法集资牵头部门有权进入涉嫌非法集资的场所调查取证，询问与被调查事件有关的单位和个人，查阅、复制与被调查事件有关的资料并依法予以封存，依法查询有关账户，要求暂停集资行为，通知市场监督管理部门或者其他有关部门暂停为涉嫌非法集资的有关单位办理设立、变更或者注销登记等；在处置阶段，处置非法集资牵头部门有权查封有关经营场所，查封、扣押有关资产，责令非法集资人、非法集资协助人追回、变价出售有关资产用于清退集资资金，按照规定通知出入境边防检查机关限制有关人员出境等。采取上述措施，旨在防止非法集资人挥霍、转移资产或者逃离出境，为处置工作顺利开展提供保障。此外，对涉嫌犯罪的，处置非法集资牵头部门应当按照规定及时将案件移送公安机关，并配合做好相关工作。

问：《条例》对非法集资资金清退作了哪些规定？

答：《条例》坚持最大限度保护人民群众合法权益，明确非法集资人、非法集资协助人应当向集资参与人清退资金；清退过程应当接受处置非法集资牵头部门监督；任何单位和个人不得从非法集资中获取经济利益。《条例》明确了清退资金的来源，包括：非法集资资金余额、收益，非法集资人及其他相关人员从非法集资中获得的经济利益，非法集资人隐匿、转移的非法集资资金或者相关资产，在非法集资中获得的广告费、代言费、代理费、好处费、返点费、佣金、提成等经济利益，以及可以作为清退集资资金的其他资产。为尽可能多地向集资参与人清退资金，《条例》规定，非法集资人、非法集资协助人不能同时履行所承担的清退集资资金和缴纳罚款义务时，先清退集资资金。《条例》沿用《非法金融机构和非法金融业务活动取缔办法》（以下简称《取缔办法》）有关规定，明确因参与非法集资受到的损失，由集资参与人自行承担。

问：《条例》在明确法律责任、加大惩处力度方面作了哪些规定？

答：为加大对非法集资相关责任主体的惩处力度，形成有力震慑，《条例》规定：一是在惩处对象方面，除非法集资单位和个人外，还对非法集资单位的主要负责人和直接责任人、非法集资协助人进行处罚。同时，对未履行非法集资防范义务的广告经营者和发布者、互联网信息服务提供者、金融机构、非银行支付机构予以处罚。二是在处罚种类和处罚力度方面，按照处罚力度与危害程度相匹配原则，规定给予警告、处以罚款、责令停产停业、吊销许可证、吊销营业执照或者登记证书；加大处罚力度，对非法集资人处集资金额20%以上1倍以下的罚款，对非法集资协助人处违法所得1倍以上3倍以下的罚款等。

问：为何要废止《取缔办法》？

答：随着法律体系不断完善，目前《取缔办法》关于非法金融活动处置的部分内容在商业银行法、证券法、保险法、外汇管理条例等法律、行政法规中已有较为明确的规定。《条例》又对处置非法集资机制等作了相应规定，对于未经依法许可或者违反国家金融管理规定，擅自从事发放贷款、支付结算、票据贴现等金融业务活动的，《条例》明确由国务院金融管理部门或者地方金融管理部门按照监督管理职责分工进行处置；同时规定，法律、行政法规对其他非法金融业务活动的防范和处置没有明确规定的，参照本条例有关规定执行。《条例》作出上述规定后，《取缔办法》内容已被有关法律法规涵盖，因此，《条例》施行时，《取缔办法》同时废止。

国务院关于进一步做好防范和处置非法集资工作的意见

（2015 年 10 月 19 日　国发〔2015〕59 号）

近年来，在处置非法集资部际联席会议（以下简称部际联席会议）成员单位和地方人民政府的共同努力下，防范和处置非法集资工作取得积极进展。但是，当前非法集资形势严峻，案件高发频发，涉案领域增多，作案方式花样翻新，部分地区案件集中暴露，并有扩散蔓延趋势。按照党中央、国务院决策部署，为有效遏制非法集资高发蔓延势头，加大防范和处置工作力度，切实保护人民群众合法权益，防范系统性区域性金融风险，现提出以下意见：

一、充分认识当前形势下做好防范和处置非法集资工作的重要性和紧迫性

长期以来，我国经济社会保持较快发展，资金需求旺盛，融资难、融资贵问题比较突出，民间投资渠道狭窄的现实困难和非法集资高额回报的巨大诱惑交织共存。

当前，经济下行压力较大，企业生产经营困难增多，各类不规范民间融资介入较深的行业领域风险集中暴露，非法集资问题日益凸显。一方面，案件进入高发期，涉案金额和参与集资人数激增，全国87%的地市州盟均有发生，并进一步向中西部地区扩散。另一方面，案件高发领域扩大，投资理财、非融资性担保、P2P网络借贷等成为新的高发领域。非法集资活动在某一地区和领域集中爆发甚至引发连锁反应的可能性不断增大，对正常的经济金融秩序造成较大威胁。一些案件由于参与群众多、财产损失大，频繁引发群体性事件，甚至导致极端过激事件发生，影响社会稳定。

防范和处置非法集资是一项长期、复杂、艰巨的系统性工程。各地区、各有关部门要高度重视，从保持经济平稳发展和维护社会和谐稳定的大局出发，加大防范和处置力度，建立和完善长效机制，坚决守住不发生系统性区域性金融风险底线。

二、总体要求

（一）指导思想。深入贯彻党的十八大和十八届三中、四中全会精神，认真落实党中央、国务院决策部署，主动适应经济发展新常态，坚持系统治理、依法治理、综合治理、源头治理，进一步健全责任明确、上下联动、齐抓共管、配合有力的工作格局，加大防范预警、案件处置、宣传教育等工作力度，开正门、堵邪路，逐步建立防打结合、打早打小、综合施策、标本兼治的综合治理长效机制。

（二）基本原则。

一是防打结合，打早打小。既要解决好浮出水面的问题，讲求策略方法，依法、有序、稳妥处置风险；更要做好防范预警，尽可能使非法集资不发生、少发生，一旦发生要打早打小，在苗头时期、涉众范围较小时解决问题。

二是突出重点，依法打击。抓住非法集资重点领域、重点区域、重大案件，依法持续严厉打击，最大限度追赃挽损，强化跨区域、跨部门协作配合，防范好处置风险的风险，有效维护社会稳定。

三是疏堵结合，标本兼治。进一步深化金融改革，大力发展普惠金融，提升金融服务水平。完善民间融资制度，合理引导和规范民间金融发展。

四是齐抓共管，形成合力。地方各级人民政府牵头，统筹指挥；中央层面，部际联席会议顶层推动、协调督导，各部门协同配合，加强监督管理。强化宣传教育，积极引导和发动广大群众参与到防范和处置非法集资工作中来。

（三）主要目标。非法集资高发势头得到遏制，存量风险及时化解，增量风险逐步减少，大案要案依法、稳妥处置。非法集资监测到位、预警及时、防范得力，一旦发现苗头要及早引导、规范、处置。政策法规进一步完善，处置非法集资工作纳入法治化轨道。广大人民群众相关法律意识和风险意识显著提高，买者自负、风险自担的意识氛围逐步形成。金融服务水平进一步提高，投融资体系进一步完善，非法集资生存土壤逐步消除。

三、落实责任，强化机制

（四）省级人民政府是防范和处置非法集资的第一责任人。省级人民政府对本行政区域防范和处置非法集资工作负总责，要切实担负起第一责任人的责任。地方各级人民政府要有效落实属地管理职责，充分发挥资源统筹调动、靠近基层一线优势，做好本行政区域内风险排查、监测预警、案件查处、善后处置、宣传教育和维护稳定等工作，确保本行政区域防范和处置非法集资工作组织到位、体系完善、机制健全、保障有力。建立目标责任制，将防范和处置非法集资工作纳入领导班子和领导干部综合考核评价内容，明确责任，表彰奖励先进，对工作失职、渎职行为严肃追究责任。进一步规范约束地方各级领导干部参与民间经济金融活动。

（五）落实部门监督管理职责。各行业主管、监管部门要将防控本行业领域非法集资作为履行监督管理职责的重要内容，加强日常监管。按照监管与市场准入、行业管理挂钩原则，确保所有行业领域非法集资监管防范不留真空。对需要经过市场准入许可的行业领域，由准入监管部门负责本行业领域非法集资的防范、监测和预警工作；对无需市场准入许可，但有明确主管部门指导、规范和促进的行业领域，由主管部门牵头负责本行业领域非法集资的防范、监测和预警工作；对没有明确主管、监管部门的行业领域，由地方各级人民政府组织协调相关部门，充分利用现有市场监管手段，强化综合监管，防范非法集资风险。

（六）完善组织协调机制。进一步完善中央和地方防范和处置非法集资工作机制。中央层面，充分发挥部际联席会议作用，银监会作为牵头单位要进一步强化部门联动，加强顶层推动，加大督促指导力度，增强工作合力。地方各级人民政府要建立健全防范和处置非法集资工作领导小组工作机制，由政府分管领导担任组长，明确专门机构和专职人员，落实职责分工，优化工作程序，强化制度约束，提升工作质效。

四、以防为主，及时化解

（七）全面加强监测预警。各地区要建立立体化、社会化、信息化的监测预警体系，充分发挥网格化管理和基层群众自治的经验和优势，群防群治，贴近一线开展预警防范工作。创新工作方法，充分利用互联网、大数据等技术手段加强对非法集资的监测预警。部际联席会议要积极整合各地区、各有关部门信息资源，推动实现工商市场主体公示信息、人民银行征信信息、公安打击违法犯罪信息、法院立案判决执行信息等相关信息的依法互通共享，进一步发挥好全国统一的信用信息共享交换平台作用，加强风险研判，及时预警提示。

（八）强化事中事后监管。行业主管、监管部门要加强对所主管、监管机构和业务的风险排查和行政执法，做到早发现、早预防、早处置。对一般工商企业，各地区要综合运用信用分类监管、定向抽查检查、信息公示、风险警示约谈、市场准入限制等手段，加强市场监督管理，加强部门间信息共享和对失信主体的联合惩戒，探索建立多部门联动综合执法机制，提升执法效果。对非法集资主体（包括法人、实际控制人、代理人、中间人等）建立经营异常名录和信用记录，并纳入全国统一的信用信息共享交换平台。充分发挥行业协会作用，加强行业自律管理，促进市场主体自我约束、诚信经营。

（九）发挥金融机构监测防控作用。加强金融机构内部管理，确保分支机构和员工不参与非法集资。加强金融机构对社会公众的宣传教育，在营业场所醒目位置张贴警示标识。金融机构在严格执行大额可疑资金报告制度基础上，对各类账户交易中具有分散转入集中转出、定期批量小额转出等特征的涉嫌非法集资资金异动进行分析识别，并将有关情况及时提供给地方各级防范和处置非法集资工作领导小组办公室。人民银行、银监会、证监会、保监会、外汇局要指导和督促金融机构做好对涉嫌非法集资可疑资金的监测工作，建立问责制度。

（十）发动群众防范预警。充分调动广大群众积极性，探索建立群众自动自发、广泛参与的防范预警机制。加快建立非法集资举报奖励制度，强化正面激励，加大奖励力度，鼓励广大群众积极参与，并做好保密、人身安全保护等工作。部际联席会议研究制订举报奖励办法，地方各级人民政府组织实施。

五、依法打击，稳妥处置

（十一）防控重点领域、重点区域风险。各地区、各有关部门要坚决依法惩处非法集资违法犯罪活动，密切关注投资理财、非融资性担保、P2P网络借贷等新的高发重点领域，以及投资公司、农民专业合作社、民办教育机构、养老机构等新的风险点，加强风险监控。案件高发地区要把防范和处置非法集资工作放在突出重要位置，遏制案件高发态势，消化存量风险，最大限度追赃挽损，维护金融和社会秩序稳定。公安机关要积极统筹调配力量，抓住重点环节，会同有关部门综合采取措施，及时发现并快速、全面、深入侦办案件，提高打击效能。有关部门要全力配合，依法开展涉案资产查封、资金账户查询和冻结等必要的协助工作。

（十二）依法妥善处置跨省案件。坚持统一指挥协调、统一办案要求、统一资产处置、分别侦查诉讼、分别落实维稳的工作原则。牵头省份要积极主动落实牵头责任，依法合规、公平公正地制定统一处置方案，加强与其他涉案地区的沟通协调，定期通报工作进展情况。

协办省份要大力支持配合，切实履行协作义务。强化全局观念，加强系统内的指挥、指导和监督，完善内部制约激励机制，切实推动、保障依法办案，防止遗漏犯罪事实；加强沟通、协商及跨区域、跨部门协作，共同解决办案难题，提高案件查处效率。

（十三）坚持分类施策，维护社会稳定。综合运用经济、行政、法律等措施，讲究执法策略、方式、尺度和时机，依法合理制定涉案资产的处置政策和方案，分类处置非法集资问题，防止矛盾激化，努力实现执法效果与经济效果、社会效果相统一。落实维稳属地责任，畅通群众诉求反映渠道，及时回应群众诉求，积极导入法治轨道，严格依法处置案件，切实有效维护社会稳定。

六、广泛宣传，加强教育

（十四）建立上下联动的宣传教育工作机制。建立部际联席会议统一规划，宣传主管部门协调推动，行业主管、监管部门指导落实，相关部门积极参与，各省（区、市）全面落实，中央和地方上下联动的宣传教育工作机制。

（十五）加大顶层引领和推动力度。中央层面要加强顶层设计，制定防范和处置非法集资宣传总体规划，推动全国范围内宣传教育工作。部际联席会议要组织协调中央媒体大力开展宣传教育，加强舆论引导。行业主管、监管部门要根据行业领域风险特点，制定防范和处置非法集资法律政策宣传方案，有针对性地开展本行业领域宣传教育活动。

（十六）深入推进地方强化宣传教育工作。地方各级人民政府要建立健全常态化的宣传教育工作机制，贴近基层、贴近群众、贴近生活，推动防范和处置非法集资宣传教育活动进机关、进工厂、进学校、进家庭、进社区、进村屯，实现宣传教育广覆盖，引导广大群众对非法集资不参与、能识别、敢揭发。充分运用电视、广播、报刊、网络、电信、公共交通设施等各类媒介或载体，以法律政策解读、典型案件剖析、投资风险教育等方式，提高宣传教育的广泛性、针对性、有效性。加强广告监测和检查，强化媒体自律责任，封堵涉嫌非法集资的资讯信息，净化社会舆论环境。

七、完善法规，健全制度

（十七）进一步健全完善处置非法集资相关法律法规。梳理非法集资有关法律规定适用中存在的问题，对罪名适用、量刑标准、刑民交叉、涉案财物处置等问题进行重点研究，推动制定和完善相关法律法规及司法解释。建立健全非法集资刑事诉讼涉案财物保管移送、审前返还、先行处置、违法所得追缴、执行等制度程序。修订《非法金融机构和非法金融业务活动取缔办法》，研究地方各级人民政府与司法机关在案件查处和善后处置阶段的职责划分，完善非法集资案件处置依据。

（十八）加快民间融资和金融新业态法规制度建设。尽快出台非存款类放贷组织条例，规范民间融资市场主体，拓宽合法融资渠道。尽快出台P2P网络借贷、股权众筹融资等监管规则，促进互联网金融规范发展。深入研究规范投资理财、非融资性担保等民间投融资中介机构的政策措施，及时出台与商事制度改革相配套的有关政策。

（十九）完善工作制度和程序。建立健全跨区域案件执法争议处理机制，完善不同区域间跨执法部门、司法部门查处工作的衔接配合程序。建立健全防范和处置非法集资信息共享、风险排查、事件处置、协调办案、责任追究、激励约束等制度，修订完善处置非法集资工作操作流程。探索在防范和处置有关环节引进法律、审计、评估等中介服务。

八、深化改革，疏堵并举

（二十）加大金融服务实体经济力度。进一步落实国务院决策部署，研究制定新举措，不断提升金融服务实体经济的质量和水平。不断完善金融市场体系，推动健全多层次资本市场体系，鼓励、规范和引导民间资本进入金融服务领域，大力发展普惠金融，增加对中小微企业有效资金供给，加大对经济社会发展薄弱环节的支持力度。

（二十一）规范民间投融资发展。鼓励和引导民间投融资健康发展，大幅放宽民间投资市场准入，拓宽民间投融资渠道。完善民间借贷日常信息监测机制，引导民间借贷利率合理化。推进完善社会信用体系，逐步建立完善全国统一、公开、透明的信用信息共享交换平台，营造诚实守信的金融生态环境。

九、夯实基础，强化保障

（二十二）加强基础支持工作。在当前非法集资高发多发形势下，要进一步做好防范和处置非法集资的人员、经费等保障工作。各级人民政府要合理保障防范和处置非法集资工作相关经费，并纳入同级政府预算。

各地区、各有关部门要认真落实本意见提出的各项任务，结合本地区、本部门实际，研究制定具体工作方案，采取切实有力措施。部际联席会议要督促检查本意见落实情况，重大情况及时向国务院报告。

附件

重点任务分工

序号	工作任务	负责单位
1	地方各级人民政府要建立健全防范和处置非法集资工作领导小组工作机制，做好人员、经费等保障工作；建立目标责任制，将防范和处置非法集资工作纳入地方各级领导班子和领导干部综合考核评价内容；进一步规范约束地方各级领导干部参与民间经济金融活动。	地方各级人民政府
2	各行业主管、监管部门将防控本行业领域非法集资作为履行监督管理职责的重要内容，加强日常监管。	有关行业主管、监管部门
3	对没有明确主管、监管部门的行业领域，地方各级人民政府要组织协调相关部门强化综合监管，综合运用信用分类监管、定向抽查检查、信息公示、风险警示约谈、市场准入限制等手段，探索建立多部门联动综合执法机制。	地方各级人民政府，处置非法集资部际联席会议（以下简称部际联席会议）成员单位（银监会牵头）
4	建立立体化、社会化、信息化的地方监测预警体系。	地方各级人民政府，部际联席会议成员单位（银监会牵头）

续表

序号	工　作　任　务	负责单位
5	加强金融机构内部管理和社会宣传工作，指导和督促金融机构做好对涉嫌非法集资可疑资金的监测工作，建立问责制度。	人民银行、银监会、证监会、保监会、外汇局等
6	整合各地区、各有关部门信息资源，推动依法互通共享，进一步发挥好全国统一的信用信息共享交换平台作用，加强风险研判，及时预警提示。	银监会、发展改革委、工商总局、人民银行、公安部、高法院等
7	建立非法集资举报奖励制度，做好保密、人身安全保护等工作。	银监会、公安部、财政部、高法院等，地方各级人民政府
8	密切关注投资理财、非融资性担保、P2P网络借贷、投资公司、农民专业合作社、民办教育机构、养老机构等风险领域和风险点，加强风险监控，及时化解处置。	地方各级人民政府，部际联席会议成员单位（银监会牵头）
9	统筹调配力量，抓住重点环节，及时发现并快速、全面、深入侦办案件；依法配合开展涉案资产查封、资金账户查询和冻结等协助工作。	公安部、人民银行、银监会等
10	依法稳妥处置跨省案件，坚持统一指挥协调、统一办案要求、统一资产处置、分别侦查诉讼、分别落实维稳的工作原则。	省级人民政府，公安部、高法院、高检院、中央维稳办、银监会等
11	落实维稳属地责任，畅通群众诉求反映渠道，及时回应群众诉求，积极导入法治轨道。	地方各级人民政府，有关行业主管、监管部门，信访局、中央维稳办
12	中央层面要加强顶层设计，制定防范和处置非法集资宣传总体规划，推动全国范围内宣传教育工作。	银监会、中央宣传部、新闻出版广电总局等

续表

序号	工 作 任 务	负责单位
13	制定防范和处置非法集资法律政策宣传方案，有针对性地开展本行业领域宣传教育活动。	有关行业主管、监管部门
14	建立健全常态化的地方防范和处置非法集资宣传教育工作机制，实现宣传教育广覆盖。	地方各级人民政府
15	加强广告监测和检查，强化媒体自律责任，封堵涉嫌非法集资的资讯信息。	工商总局、中央宣传部等，地方各级人民政府
16	对罪名适用、量刑标准、刑民交叉、涉案财物处置等问题进行研究，推动制定和完善相关法律法规及司法解释	高法院、高检院、公安部等
17	建立健全非法集资刑事诉讼涉案财物保管移送、审前返还、先行处置、违法所得追缴、执行等制度程序	高法院、高检院、公安部等
18	修订《非法金融机构和非法金融业务活动取缔办法》。	银监会、人民银行、证监会、保监会、公安部、法制办等
19	出台非存款类放贷组织条例和 P2P 网络借贷、股权众筹融资等监管规则，促进互联网金融规范发展。	人民银行、银监会、证监会、保监会、法制办、工业和信息化部等
20	研究规范投资理财、非融资性担保等民间投融资中介机构的政策措施，及时出台与商事制度改革相配套的有关政策。	银监会、工商总局、人民银行、证监会、保监会、商务部、发展改革委、法制办等
21	建立健全跨区域案件执法争议处理机制，完善不同区域间跨执法部门、司法部门查处工作的衔接配合程序。	公安部、高法院、高检院等

续表

序号	工 作 任 务	负责单位
22	建立健全防范和处置非法集资信息共享、风险排查、事件处置、协调办案、责任追究、激励约束等制度，修订完善处置非法集资工作操作流程。	部际联席会议成员单位（银监会牵头）
23	不断提升金融服务实体经济的质量和水平，不断完善金融市场体系，推动健全多层次资本市场体系，鼓励、规范和引导民间资本进入金融服务领域，大力发展普惠金融。	人民银行、银监会、证监会、保监会等
24	鼓励和引导民间投融资健康发展，大幅放宽民间投资市场准入，拓宽民间投融资渠道。	人民银行、银监会、发展改革委等
25	完善民间借贷日常信息监测机制，引导民间借贷利率合理化。	人民银行等，地方各级人民政府
26	推进完善社会信用体系，逐步建立完善全国统一、公开、透明的信用信息共享交换平台，营造诚实守信的金融生态环境。	发展改革委、人民银行等，地方各级人民政府

最高人民法院关于审理非法集资刑事案件具体应用法律若干问题的解释

（2010年11月22日最高人民法院审判委员会第1502次会议通过　2010年12月13日最高人民法院公告公布　自2011年1月4日起施行　法释〔2010〕18号）

为依法惩治非法吸收公众存款、集资诈骗等非法集资犯罪活动，根据刑法有关规定，现就审理此类刑事案件具体应用法律的若干问题解释如下：

第一条　违反国家金融管理法律规定，向社会公众（包括单位和个人）吸收资金的行为，同时具备下列四个条件的，除刑法另有规定的以外，应当认定为刑法第一百七十六条规定的“非法吸收公众存款或者变相吸收公众存款”：

（一）未经有关部门依法批准或者借用合法经营的形式吸收资金；

（二）通过媒体、推介会、传单、手机短信等途径向社会公开宣传；

（三）承诺在一定期限内以货币、实物、股权等方式还本付息或者给付回报；

（四）向社会公众即社会不特定对象吸收资金。

未向社会公开宣传，在亲友或者单位内部针对特定对象吸收资金的，不属于非法吸收或者变相吸收公众存款。

第二条 实施下列行为之一，符合本解释第一条第一款规定的条件的，应当依照刑法第一百七十六条的规定，以非法吸收公众存款罪定罪处罚：

（一）不具有房产销售的真实内容或者不以房产销售为主要目的，以返本销售、售后包租、约定回购、销售房产份额等方式非法吸收资金的；

（二）以转让林权并代为管护等方式非法吸收资金的；

（三）以代种植（养殖）、租种植（养殖）、联合种植（养殖）等方式非法吸收资金的；

（四）不具有销售商品、提供服务的真实内容或者不以销售商品、提供服务为主要目的，以商品回购、寄存代售等方式非法吸收资金的；

（五）不具有发行股票、债券的真实内容，以虚假转让股权、发售虚构债券等方式非法吸收资金的；

（六）不具有募集基金的真实内容，以假借境外基金、发售虚构基金等方式非法吸收资金的；

（七）不具有销售保险的真实内容，以假冒保险公司、伪造保险单据等方式非法吸收资金的；

（八）以投资入股的方式非法吸收资金的；

（九）以委托理财的方式非法吸收资金的；

（十）利用民间“会”、“社”等组织非法吸收资金的；

（十一）其他非法吸收资金的行为。

第三条　非法吸收或者变相吸收公众存款，具有下列情形之一的，应当依法追究刑事责任：

（一）个人非法吸收或者变相吸收公众存款，数额在20万元以上的，单位非法吸收或者变相吸收公众存款，数额在100万元以上的；

（二）个人非法吸收或者变相吸收公众存款对象30人以上的，单位非法吸收或者变相吸收公众存款对象150人以上的；

（三）个人非法吸收或者变相吸收公众存款，给存款人造成直接经济损失数额在10万元以上的，单位非法吸收或者变相吸收公众存款，给存款人造成直接经济损失数额在50万元以上的；

（四）造成恶劣社会影响或者其他严重后果的。

具有下列情形之一的，属于刑法第一百七十六条规定的“数额巨大或者有其他严重情节”：

（一）个人非法吸收或者变相吸收公众存款，数额在100万元以上的，单位非法吸收或者变相吸收公众存款，数额在500万元以上的；

（二）个人非法吸收或者变相吸收公众存款对象100人以上的，单位非法吸收或者变相吸收公众存款对象500人以上的；

（三）个人非法吸收或者变相吸收公众存款，给存款人造成直接经济损失数额在50万元以上的，单位非法吸收或者变相吸收公众存款，给存款人造成直接经济损失数额在250万元以上的；

（四）造成特别恶劣社会影响或者其他特别严重后果的。

非法吸收或者变相吸收公众存款的数额，以行为人所吸收的资金全额计算。案发前后已归还的数额，可以作为量刑情节酌情考虑。

非法吸收或者变相吸收公众存款，主要用于正常的生产经营活动，能够及时清退所吸收资金，可以免予刑事处罚；情节显著轻微的，不作为犯罪处理。

第四条 以非法占有为目的，使用诈骗方法实施本解释第二条规定所列行为的，应当依照刑法第一百九十二条的规定，以集资诈骗罪定罪处罚。

使用诈骗方法非法集资，具有下列情形之一的，可以认定为“以非法占有为目的”：

（一）集资后不用于生产经营活动或者用于生产经营活动与筹集资金规模明显不成比例，致使集资款不能返还的；

（二）肆意挥霍集资款，致使集资款不能返还的；

（三）携带集资款逃匿的；

（四）将集资款用于违法犯罪活动的；

（五）抽逃、转移资金、隐匿财产，逃避返还资金的；

（六）隐匿、销毁账目，或者搞假破产、假倒闭，逃避返还资金的；

（七）拒不交代资金去向，逃避返还资金的；

（八）其他可以认定非法占有目的的情形。

集资诈骗罪中的非法占有目的，应当区分情形进行具体认定。行为人部分非法集资行为具有非法占有目的的，对该部分非法集资行为所涉集资款以集资诈骗罪定罪处罚；非法集资共同犯罪中部分行为人具有非法占有目的，其他行为人没有非法占有集资款的共同故意和行为的，对具有非法占有目的的行为人以集资诈骗罪定罪处罚。

第五条 个人进行集资诈骗，数额在 10 万元以上的，应当认定为“数额较大”；数额在 30 万元以上的，应当认定为“数额巨大”；数额在 100 万元以上的，应当认定为“数额特别巨大”。

单位进行集资诈骗，数额在 50 万元以上的，应当认定为“数额较大”；数额在 150 万元以上的，应当认定为“数额巨大”；数额在 500 万元以上的，应当认定为“数额特别巨大”。

集资诈骗的数额以行为人实际骗取的数额计算，案发前已归还的数额应予扣除。行为人为实施集资诈骗活动而支付的广告费、中介费、手续费、回扣，或者用于行贿、赠与等费用，不予扣除。行为人为实施集资诈骗活动而支付的利息，除本金未归还可予折抵本金以外，应当计入诈骗数额。

第六条 未经国家有关主管部门批准，向社会不特定对象发行、以转让股权等方式变相发行股票或者公司、企业债券，或者向特定对象发行、变相发行股票或者公司、企业债券累计超过200人的，应当认定为刑法第一百七十九条规定的“擅自发行股票、公司、企业债券”。构成犯罪的，以擅自发行股票、公司、企业债券罪定罪处罚。

第七条 违反国家规定，未经依法核准擅自发行基金份额募集基金，情节严重的，依照刑法第二百二十五条的规定，以非法经营罪定罪处罚。

第八条 广告经营者、广告发布者违反国家规定，利用广告为非法集资活动相关的商品或者服务作虚假宣传，具有下列情形之一的，依照刑法第二百二十二条的规定，以虚假广告罪定罪处罚：

（一）违法所得数额在10万元以上的；

（二）造成严重危害后果或者恶劣社会影响的；

（三）二年内利用广告作虚假宣传，受过行政处罚二次以上的；

（四）其他情节严重的情形。

明知他人从事欺诈发行股票、债券，非法吸收公众存款，擅自发行股票、债券，集资诈骗或者组织、领导传销活动等集资犯罪活动，为其提供广告等宣传的，以相关犯罪的共犯论处。

第九条 此前发布的司法解释与本解释不一致的，以本解释为准。

最高人民法院、最高人民检察院、公安部关于办理组织领导传销活动刑事案件适用法律若干问题的意见

（2013 年 11 月 14 日　公通字〔2013〕37 号）

各省、自治区、直辖市高级人民法院，人民检察院，公安厅、局，解放军军事法院、军事检察院，新疆维吾尔自治区高级人民法院生产建设兵团分院，新疆生产建设兵团人民检察院、公安局：

为解决近年来公安机关、人民检察院、人民法院在办理组织、领导传销活动刑事案件中遇到的问题，依法惩治组织、领导传销活动犯罪，根据刑法、刑事诉讼法的规定，结合司法实践，现就办理组织、领导传销活动刑事案件适用法律问题提出以下意见：

一、关于传销组织层级及人数的认定问题

以推销商品、提供服务等经营活动为名，要求参加者以缴纳费用或者购买商品、服务等方式获得加入资格，并按照一定顺序组成层级，直接或者间接以发展人

员的数量作为计酬或者返利依据，引诱、胁迫参加者继续发展他人参加，骗取财物，扰乱经济社会秩序的传销组织，其组织内部参与传销活动人员在三十人以上且层级在三级以上的，应当对组织者、领导者追究刑事责任。

组织、领导多个传销组织，单个或者多个组织中的层级已达三级以上的，可将在各个组织中发展的人数合并计算。

组织者、领导者形式上脱离原传销组织后，继续从原传销组织获取报酬或者返利的，原传销组织在其脱离后发展人员的层级数和人数，应当计算为其发展的层级数和人数。

办理组织、领导传销活动刑事案件中，确因客观条件的限制无法逐一收集参与传销活动人员的言词证据的，可以结合依法收集并查证属实的缴纳、支付费用及计酬、返利记录，视听资料，传销人员关系图，银行账户交易记录，互联网电子数据，鉴定意见等证据，综合认定参与传销的人数、层级数等犯罪事实。

二、关于传销活动有关人员的认定和处理问题

下列人员可以认定为传销活动的组织者、领导者：

（一）在传销活动中起发起、策划、操纵作用的人员；

（二）在传销活动中承担管理、协调等职责的人员；

（三）在传销活动中承担宣传、培训等职责的人员；

（四）曾因组织、领导传销活动受过刑事处罚，或者一年以内因组织、领导传销活动受过行政处罚，又直接或者间接发展参与传销活动人员在十五人以上且层级在三级以上的人员；

（五）其他对传销活动的实施、传销组织的建立、扩大等起关键作用的人员。

以单位名义实施组织、领导传销活动犯罪的，对于受单位指派，仅从事劳务性工作的人员，一般不予追究刑事责任。

三、关于“骗取财物”的认定问题

传销活动的组织者、领导者采取编造、歪曲国家政策，虚构、夸大经营、投资、服务项目及盈利前景，掩饰计酬、返利真实来源或者其他欺诈手段，实施刑法第二百二十四条之一规定的行为，从参与传销活动人员缴纳的费用或者购买商品、服务的费用中非法获利的，应当认定为骗取财物。参与传销活动人员是否认为被骗，不影响骗取财物的认定。

四、关于“情节严重”的认定问题

对符合本意见第一条第一款规定的传销组织的组织者、领导者，具有下列情形之一的，应当认定为刑法第二百二十四条之一规定的“情节严重”：

（一）组织、领导的参与传销活动人员累计达一百二十人以上的；

（二）直接或者间接收取参与传销活动人员缴纳的传销资金数额累计达二百五十万元以上的；

（三）曾因组织、领导传销活动受过刑事处罚，或者一年以内因组织、领导传销活动受过行政处罚，又直接或者间接发展参与传销活动人员累计达六十人以上的；

（四）造成参与传销活动人员精神失常、自杀等严重后果的；

（五）造成其他严重后果或者恶劣社会影响的。

五、关于“团队计酬”行为的处理问题

传销活动的组织者或者领导者通过发展人员，要求传销活动的被发展人员发展其他人员加入，形成上下线关系，并以下线的销售业绩为依据计算和给付上线报酬，牟取非法利益的，是“团队计酬”式传销活动。

以销售商品为目的、以销售业绩为计酬依据的单纯的

"团队计酬"式传销活动，不作为犯罪处理。形式上采取"团队计酬"方式，但实质上属于"以发展人员的数量作为计酬或者返利依据"的传销活动，应当依照刑法第二百二十四条之一的规定，以组织、领导传销活动罪定罪处罚。

六、关于罪名的适用问题

以非法占有为目的，组织、领导传销活动，同时构成组织、领导传销活动罪和集资诈骗罪的，依照处罚较重的规定定罪处罚。

犯组织、领导传销活动罪，并实施故意伤害、非法拘禁、敲诈勒索、妨害公务、聚众扰乱社会秩序、聚众冲击国家机关、聚众扰乱公共场所秩序、交通秩序等行为，构成犯罪的，依照数罪并罚的规定处罚。

七、其他问题

本意见所称"以上"、"以内"，包括本数。

本意见所称"层级"和"级"，系指组织者、领导者与参与传销活动人员之间的上下线关系层次，而非组织者、领导者在传销组织中的身份等级。

对传销组织内部人数和层级数的计算，以及对组织者、领导者直接或者间接发展参与传销活动人员人数和层级数的计算，包括组织者、领导者本人及其本层级在内。

最高人民法院、最高人民检察院、公安部关于办理非法集资刑事案件适用法律若干问题的意见

（2014 年 4 月 25 日　公通字〔2014〕16 号）

各省、自治区、直辖市高级人民法院，人民检察院，公安厅、局，解放军军事法院、军事检察院，新疆维吾尔自治区高级人民法院生产建设兵团分院，新疆生产建设兵团人民检察院、公安局：

为解决近年来公安机关、人民检察院、人民法院在办理非法集资刑事案件中遇到的问题，依法惩治非法吸收公众存款、集资诈骗等犯罪，根据刑法、刑事诉讼法的规定，结合司法实践，现就办理非法集资刑事案件适用法律问题提出以下意见：

一、关于行政认定的问题

行政部门对于非法集资的性质认定，不是非法集资刑事案件进入刑事诉讼程序的必经程序。行政部门未对非法集资作出性质认定的，不影响非法集资刑事案件的

侦查、起诉和审判。

公安机关、人民检察院、人民法院应当依法认定案件事实的性质，对于案情复杂、性质认定疑难的案件，可参考有关部门的认定意见，根据案件事实和法律规定作出性质认定。

二、关于“向社会公开宣传”的认定问题

《最高人民法院关于审理非法集资刑事案件具体应用法律若干问题的解释》第一条第一款第二项中的“向社会公开宣传”，包括以各种途径向社会公众传播吸收资金的信息，以及明知吸收资金的信息向社会公众扩散而予以放任等情形。

三、关于“社会公众”的认定问题

下列情形不属于《最高人民法院关于审理非法集资刑事案件具体应用法律若干问题的解释》第一条第二款规定的“针对特定对象吸收资金”的行为，应当认定为向社会公众吸收资金：

（一）在向亲友或者单位内部人员吸收资金的过程中，明知亲友或者单位内部人员向不特定对象吸收资金而予以放任的；

（二）以吸收资金为目的，将社会人员吸收为单位内部人员，并向其吸收资金的。

四、关于共同犯罪的处理问题

为他人向社会公众非法吸收资金提供帮助，从中收取代理费、好处费、返点费、佣金、提成等费用，构成非法集资共同犯罪的，应当依法追究刑事责任。能够及时退缴上述费用的，可依法从轻处罚；其中情节轻微的，可以免除处罚；情节显著轻微、危害不大的，不作为犯罪处理。

五、关于涉案财物的追缴和处置问题

向社会公众非法吸收的资金属于违法所得。以吸收的资金向集资参与人支付的利息、分红等回报，以及向帮助吸收资金人员支付的代理费、好处费、返点费、佣金、提成等费用，应当依法追缴。集资参与人本金尚未归还的，所支付的回报可予折抵本金。

将非法吸收的资金及其转换财物用于清偿债务或者转让给他人，有下列情形之一的，应当依法追缴：

（一）他人明知是上述资金及财物而收取的；

（二）他人无偿取得上述资金及财物的；

（三）他人以明显低于市场的价格取得上述资金及财物的；

（四）他人取得上述资金及财物系源于非法债务或者违法犯罪活动的；

（五）其他依法应当追缴的情形。

查封、扣押、冻结的易贬值及保管、养护成本较高的涉案财物，可以在诉讼终结前依照有关规定变卖、拍卖。所得价款由查封、扣押、冻结机关予以保管，待诉讼终结后一并处置。

查封、扣押、冻结的涉案财物，一般应在诉讼终结后，返还集资参与人。涉案财物不足全部返还的，按照集资参与人的集资额比例返还。

六、关于证据的收集问题

办理非法集资刑事案件中，确因客观条件的限制无法逐一收集集资参与人的言词证据的，可结合已收集的集资参与人的言词证据和依法收集并查证属实的书面合同、银行账户交易记录、会计凭证及会计账簿、资金收付凭证、审计报告、互联网电子数据等证据，综合认定非法集资对象人数和吸收资金数额等犯罪事实。

七、关于涉及民事案件的处理问题

对于公安机关、人民检察院、人民法院正在侦查、起诉、审理的非法集资刑事案件，有关单位或者个人就同一事实向人民法院提起民事诉讼或者申请执行涉案财物的，人民法院应当不予受理，并将有关材料移送公安机关或者检察机关。

人民法院在审理民事案件或者执行过程中，发现有非法集资犯罪嫌疑的，应当裁定驳回起诉或者中止执行，并及时将有关材料移送公安机关或者检察机关。

公安机关、人民检察院、人民法院在侦查、起诉、审理非法集资刑事案件中，发现与人民法院正在审理的民事案件属同一事实，或者被申请执行的财物属于涉案财物的，应当及时通报相关人民法院。人民法院经审查认为确属涉嫌犯罪的，依照前款规定处理。

八、关于跨区域案件的处理问题

跨区域非法集资刑事案件，在查清犯罪事实的基础上，可以由不同地区的公安机关、人民检察院、人民法院分别处理。

对于分别处理的跨区域非法集资刑事案件，应当按照统一制定的方案处置涉案财物。

国家机关工作人员违反规定处置涉案财物，构成渎职等犯罪的，应当依法追究刑事责任。

最高人民检察院关于办理涉互联网金融犯罪案件有关问题座谈会纪要

（2017 年 6 月 2 日　高检诉〔2017〕14 号）

互联网金融是金融与互联网相互融合形成的新型金融业务模式。发展互联网金融，对加快实施创新驱动发展战略、推进供给侧结构性改革、促进经济转型升级具有积极作用。但是，在互联网金融快速发展过程中，部分机构、业态偏离了正确方向，有些甚至打着“金融创新”的幌子进行非法集资、金融诈骗等违法犯罪活动，严重扰乱了金融管理秩序，侵害了人民群众合法权益。2016 年 4 月，国务院部署开展了互联网金融风险专项整治工作，集中整治违法违规行为，防范和化解互联网金融风险。各级检察机关积极参与专项整治工作，依法办理进入检察环节的涉互联网金融犯罪案件。针对办案中遇到的新情况、新问题，高检院公诉厅先后在昆明、上海、福州召开座谈会，对办理涉互联网金融犯罪案件中遇到的有关行为性质、法律适用、证据审查、追诉范围等问题进行了深入研究。纪要如下：

一、办理涉互联网金融犯罪案件的基本要求

促进和保障互联网金融规范健康发展，是检察机关服务经济社会发展的重要内容。各地检察机关公诉部门应当充分认识防范和化解互联网金融风险的重要性、紧迫性和复杂性，立足检察职能，积极参与互联网金融风险专项整治工作，有效预防、依法惩治涉互联网金融犯罪，切实维护人民群众合法权益，维护国家金融安全。

1. 准确认识互联网金融的本质。互联网金融的本质仍然是金融，其潜在的风险与传统金融没有区别，甚至还可能因互联网的作用而被放大。要依据现有的金融管理法律规定，依法准确判断各类金融活动、金融业态的法律性质，准确界定金融创新和金融违法犯罪的界限。在办理涉互联网金融犯罪案件时，判断是否符合“违反国家规定”“未经有关国家主管部门批准”等要件时，应当以现行刑事法律和金融管理法律法规为依据。对各种类型互联网金融活动，要深入剖析行为实质并据此判断其性质，从而准确区分罪与非罪、此罪与彼罪、罪轻与罪重、打击与保护的界限，不能机械地被所谓“互联网金融创新”表象所迷惑。

2. 妥善把握刑事追诉的范围和边界。涉互联网金融犯罪案件涉案人员众多，要按照区别对待的原则分类处理，综合运用刑事追诉和非刑事手段处置和化解风险，打击少数、教育挽救大多数。要坚持主客观相统一的原则，根据犯罪嫌疑人在犯罪活动中的地位作用、涉案数额、危害结果、主观过错等主客观情节，综合判断责任轻重及刑事追诉的必要性，做到罪责适应、罚当其罪。对犯罪情节严重、主观恶性大、在犯罪中起主要作用的人员，特别是核心管理层人员和骨干人员，依法从严打击；对犯罪情节相对较轻、主观恶性较小、在犯罪中起次要作用的人员依法从宽处理。

3. 注重案件统筹协调推进。涉互联网金融犯罪跨区域特征明显，各地检察机关公诉部门要按照“统一办案协调、统一案件指挥、统一资产处置、分别侦查诉讼、分别落实维稳”（下称“三统两分”）的要求分别处理好辖区内案件，加强横向、纵向联系，在上级检察机关特别是省级检察院的指导下统一协调推进办案工作，确保辖区内案件处理结果相对平衡统一。跨区县案件由地市级检察院统筹协调，跨地市案件由省级检察院统一协调，跨省案件由高检院公诉厅统一协调。各级检察机关公诉部门要加强与公安机关、地方金融办等相关单位以及检察机关内部侦监、控申等部门的联系，建立健全案件信息通报机制，及时掌握重大案件的立案、侦查、批捕、信访等情况，适时开展提前介入侦查等工作，并及时上报上级检察院。省级检察院公诉部门要发挥工作主动性，主动掌握社会影响大的案件情况，研究制定工作方案，统筹协调解决办案中遇到的问题，重大、疑难、复杂问题要及时向高检院报告。

4. 坚持司法办案“三个效果”有机统一。涉互联网金融犯罪影响广泛，社会各界特别是投资人群体十分关注案件处理。各级检察机关公诉部门要从有利于全案依法妥善处置的角度出发，切实做好提前介入侦查引导取证、审查起诉、出庭公诉等各个阶段的工作，依法妥善处理重大敏感问题，不能机械司法、就案办案。同时，要把办案工作与保障投资人合法权益紧密结合起来，同步做好释法说理、风险防控、追赃挽损、维护稳定等工作，努力实现司法办案的法律效果、社会效果、政治效果有机统一。

二、准确界定涉互联网金融行为法律性质

5. 互联网金融涉及 P2P 网络借贷、股权众筹、第三方支付、互联网保险以及通过互联网开展资产管理及跨

界从事金融业务等多个金融领域，行为方式多样，所涉法律关系复杂。违法犯罪行为隐蔽性、迷惑性强，波及面广，社会影响大，要根据犯罪行为的实质特征和社会危害，准确界定行为的法律性质和刑法适用的罪名。

（一）非法吸收公众存款行为的认定

6. 涉互联网金融活动在未经有关部门依法批准的情形下，公开宣传并向不特定公众吸收资金，承诺在一定期限内还本付息的，应当依法追究刑事责任。其中，应重点审查互联网金融活动相关主体是否存在归集资金、沉淀资金，致使投资人资金存在被挪用、侵占等重大风险等情形。

7. 互联网金融的本质是金融，判断其是否属于“未经有关部门依法批准”，即行为是否具有非法性的主要法律依据是《商业银行法》、《非法金融机构和非法金融业务活动取缔办法》（国务院令第247号）等现行有效的金融管理法律规定。

8. 对以下网络借贷领域的非法吸收公众资金的行为，应当以非法吸收公众存款罪分别追究相关行为主体的刑事责任：

（1）中介机构以提供信息中介服务为名，实际从事直接或间接归集资金、甚至自融或变相自融等行为，应当依法追究中介机构的刑事责任。特别要注意识别变相自融行为，如中介机构通过拆分融资项目期限、实行债权转让等方式为自己吸收资金的，应当认定为非法吸收公众存款。

（2）中介机构与借款人存在以下情形之一的，应当依法追究刑事责任：①中介机构与借款人合谋或者明知借款人存在违规情形，仍为其非法吸收公众存款提供服务的；中介机构与借款人合谋，采取向出借人提供信用担保、通过电子渠道以外的物理场所开展借贷业务等违规方式向社会公众吸收资金的；②双方合谋通过拆分融资项目期限、实行债权转让等方式为借款人吸收资金的。在对中介机构、借款人进行追诉时，应根据各自在非法集资中的地位、作用确定其刑事责任。中介机构虽然没有直接吸收资金，但是通过大肆组织借款人开展非法集资并从中收取费用数额巨大、情节严重的，可以认定为主犯。

（3）借款人故意隐瞒事实，违反规定，以自己名义或借用他人名义利用多个网络借贷平台发布借款信息，借款总额超过规定的最高限额，或将吸收资金用于明确禁止的投资股票、场外配资、期货合约等高风险行业，造成重大损失和社会影响的，应当依法追究借款人的刑事责任。对于借款人将借款主要用于正常的生产经营活动，能够及时清退所吸收资金，不作为犯罪处理。

9. 在非法吸收公众存款罪中，原则上认定主观故意并不要求以明知法律的禁止性规定为要件。特别是具备一定涉金融活动相关从业经历、专业背景或在犯罪活动中担任一定管理职务的犯罪嫌疑人，应当知晓相关金融法律管理规定，如果有证据证明其实际从事的行为应当批准而未经批准，行为在客观上具有非法性，原则上就可以认定其具有非法吸收公众存款的主观故意。在证明犯罪嫌疑人的主观故意时，可以收集运用犯罪嫌疑人的任职情况、职业经历、专业背景、培训经历、此前任职单位或者其本人因从事同类行为受到处罚情况等证据，证明犯罪嫌疑人提出的“不知道相关行为被法律所禁止，故不具有非法吸收公众存款的主观故意”等辩解不能成立。除此之外，还可以收集运用以下证据进一步印证犯罪嫌疑人知道或应当知道其所从事行为具有非法性，比如犯罪嫌疑人故意规避法律以逃避监管的相关证据：自己或要求下属与投资人签订虚假的亲友关系确认书，频繁更换宣传用语逃避监管，实际推介内容与宣传用语、实际经营状况不一致，刻意向投资人夸大公司兑付能力，在培训课程中传授或接受规避法律的方法，等等。

10. 对于无相关职业经历、专业背景，且从业时间短暂，在单位犯罪中层级较低，纯属执行单位领导指令的犯罪嫌疑人提出辩解的，如确实无其他证据证明其具有主观故意的，可以不作为犯罪处理。另外，实践中还存在犯罪嫌疑人提出因信赖行政主管部门出具的相关意见而陷入错误认识的辩解。如果上述辩解确有证据证明，不应作为犯罪处理，但应当对行政主管部门出具的相关意见及其出具过程进行查证，如存在以下情形之一，仍应认定犯罪嫌疑人具有非法吸收公众存款的主观故意：

（1）行政主管部门出具意见所涉及的行为与犯罪嫌疑人实际从事的行为不一致的；

（2）行政主管部门出具的意见未对是否存在非法吸收公众存款问题进行合法性审查，仅对其他合法性问题进行审查的；

（3）犯罪嫌疑人在行政主管部门出具意见时故意隐瞒事实、弄虚作假的；

（4）犯罪嫌疑人与出具意见的行政主管部门的工作

人员存在利益输送行为的；

（5）犯罪嫌疑人存在其他影响和干扰行政主管部门出具意见公正性的情形的。

对于犯罪嫌疑人提出因信赖专家学者、律师等专业人士、主流新闻媒体宣传或有关行政主管部门工作人员的个人意见而陷入错误认识的辩解，不能作为犯罪嫌疑人判断自身行为合法性的根据和排除主观故意的理由。

11. 负责或从事吸收资金行为的犯罪嫌疑人非法吸收公众存款金额，根据其实际参与吸收的全部金额认定。但以下金额不应计入该犯罪嫌疑人的吸收金额：

（1）犯罪嫌疑人自身及其近亲属所投资的资金金额；

（2）记录在犯罪嫌疑人名下，但其未实际参与吸收且未从中收取任何形式好处的资金。

吸收金额经过司法会计鉴定的，可以将前述不计入部分直接扣除。但是，前述两项所涉金额仍应计入相对应的上一级负责人及所在单位的吸收金额。

12. 投资人在每期投资结束后，利用投资账户中的资金（包括每期投资结束后归还的本金、利息）进行反复投资的金额应当累计计算，但对反复投资的数额应当作出说明。对负责或从事行政管理、财务会计、技术服务等辅助工作的犯罪嫌疑人，应当按照其参与的犯罪事实，结合其在犯罪中的地位和作用，依法确定刑事责任范围。

13. 确定犯罪嫌疑人的吸收金额时，应当重点审查、运用以下证据：（1）涉案主体自身的服务器或第三方服务器上存储的交易记录等电子数据；（2）会计账簿和会计凭证；（3）银行账户交易记录、POS 机支付记录；（4）资金收付凭证、书面合同等书证。仅凭投资人报案数据不能认定吸收金额。

（二）集资诈骗行为的认定

14. 以非法占有为目的，使用诈骗方法非法集资，是集资诈骗罪的本质特征。是否具有非法占有目的，是区分非法吸收公众存款罪和集资诈骗罪的关键要件，对此要重点围绕融资项目真实性、资金去向、归还能力等事实进行综合判断。犯罪嫌疑人存在以下情形之一的，原则上可以认定具有非法占有目的：

（1）大部分资金未用于生产经营活动，或名义上投入生产经营但又通过各种方式抽逃转移资金的；

（2）资金使用成本过高，生产经营活动的盈利能力不具有支付全部本息的现实可能性的；

（3）对资金使用的决策极度不负责任或肆意挥霍造

成资金缺口较大的；

（4）归还本息主要通过借新还旧来实现的；

（5）其他依照有关司法解释可以认定为非法占有目的的情形。

15. 对于共同犯罪或单位犯罪案件中，不同层级的犯罪嫌疑人之间存在犯罪目的发生转化或者犯罪目的明显不同的，应当根据犯罪嫌疑人的犯罪目的分别认定。

（1）注意区分犯罪目的发生转变的时间节点。犯罪嫌疑人在初始阶段仅具有非法吸收公众存款的故意，不具有非法占有目的，但在发生经营失败、资金链断裂等问题后，明知没有归还能力仍然继续吸收公众存款的，这一时间节点之后的行为应当认定为集资诈骗罪，此前的行为应当认定为非法吸收公众存款罪。

（2）注意区分犯罪嫌疑人的犯罪目的的差异。在共同犯罪或单位犯罪中，犯罪嫌疑人由于层级、职责分工、获取收益方式、对全部犯罪事实的知情程度等不同，其犯罪目的也存在不同。在非法集资犯罪中，有的犯罪嫌疑人具有非法占有的目的，有的则不具有非法占有目的，对此，应当分别认定为集资诈骗罪和非法吸收公众存款罪。

16. 证明主观上是否具有非法占有目的，可以重点收集、运用以下客观证据：

（1）与实施集资诈骗整体行为模式相关的证据：投资合同、宣传资料、培训内容等；

（2）与资金使用相关的证据：资金往来记录、会计账簿和会计凭证、资金使用成本（包括利息和佣金等）、资金决策使用过程、资金主要用途、财产转移情况等；

（3）与归还能力相关的证据：吸收资金所投资项目内容、投资实际经营情况、盈利能力、归还本息资金的主要来源、负债情况、是否存在虚构业绩等虚假宣传行为等；

（4）其他涉及欺诈等方面的证据：虚构融资项目进行宣传、隐瞒资金实际用途、隐匿销毁账簿；等等。司法会计鉴定机构对相关数据进行鉴定时，办案部门可以根据查证犯罪事实的需要提出重点鉴定的项目，保证司法会计鉴定意见与待证的构成要件事实之间的关联性。

17. 集资诈骗的数额，应当以犯罪嫌疑人实际骗取的金额计算。犯罪嫌疑人为吸收公众资金制造还本付息的假象，在诈骗的同时对部分投资人还本付息的，集资诈骗的金额以案发时实际未兑付的金额计算。案发后，犯罪嫌疑人主动退还集资款项的，不能从集资诈骗的金额中扣除，但可以作为量刑情节考虑。

（三）非法经营资金支付结算行为的认定

18. 支付结算业务（也称支付业务）是商业银行或者支付机构在收付款人之间提供的货币资金转移服务。非银行机构从事支付结算业务，应当经中国人民银行批准取得《支付业务许可证》，成为支付机构。未取得支付业务许可从事该业务的行为，违反《非法金融机构和非法金融业务活动取缔办法》第四条第一款第（三）、（四）项的规定，破坏了支付结算业务许可制度，危害支付市场秩序和安全，情节严重的，适用刑法第二百二十五条第（三）项，以非法经营罪追究刑事责任。具体情形：

（1）未取得支付业务许可经营基于客户支付账户的网络支付业务。无证网络支付机构为客户非法开立支付账户，客户先把资金支付到该支付账户，再由无证机构根据订单信息从支付账户平台将资金结算到收款人银行账户。

（2）未取得支付业务许可经营多用途预付卡业务。无证发卡机构非法发行可跨地区、跨行业、跨法人使用的多用途预付卡，聚集大量的预付卡销售资金，并根据客户订单信息向商户划转结算资金。

19. 在具体办案时，要深入剖析相关行为是否具备资金支付结算的实质特征，准确区分支付工具的正常商业流转与提供支付结算服务、区分单用途预付卡与多用途预付卡业务，充分考虑具体行为与“地下钱庄”等同类犯罪在社会危害方面的相当性以及刑事处罚的必要性，严格把握入罪和出罪标准。

三、依法认定单位犯罪及其责任人员

20. 涉互联网金融犯罪案件多以单位形式组织实施，所涉单位数量众多、层级复杂，其中还包括大量分支机构和关联单位，集团化特征明显。有的涉互联网金融犯罪案件中分支机构遍布全国，既有具备法人资格的，又有不具备法人资格的；既有受总公司直接领导的，又有受总公司的下属单位领导的。公安机关在立案时做法不一，有的对单位立案，有的不对单位立案，有的被立案的单位不具有独立法人资格，有的仅对最上层的单位立案而不对分支机构立案。对此，检察机关公诉部门在审查起诉时，应当从能够全面揭示犯罪行为基本特征、全面覆盖犯罪活动、准确界定区分各层级人员的地位作用、有利于有力指控犯罪、有利于追缴违法所得等方面依法具体把握，确定是否以单位犯罪追究。

21. 涉互联网金融犯罪所涉罪名中，刑法规定应当追究单位刑事责任的，对同时具备以下情形且具有独立法人资格的单位，可以以单位犯罪追究：

（1）犯罪活动经单位决策实施；

（2）单位的员工主要按照单位的决策实施具体犯罪活动；

（3）违法所得归单位所有，经单位决策使用，收益亦归单位所有。但是，单位设立后专门从事违法犯罪活动的，应当以自然人犯罪追究刑事责任。

22. 对参与涉互联网金融犯罪，但不具有独立法人资格的分支机构，是否追究其刑事责任，可以区分两种情形处理：

（1）全部或部分违法所得归分支机构所有并支配，分支机构作为单位犯罪主体追究刑事责任；

（2）违法所得完全归分支机构上级单位所有并支配的，不能对分支机构作为单位犯罪主体追究刑事责任，而是应当对分支机构的上级单位（符合单位犯罪主体资格）追究刑事责任。

23. 分支机构认定为单位犯罪主体的，该分支机构相关涉案人员应当作为该分支机构的“直接负责的主管人员”或者“其他直接责任人员”追究刑事责任。仅将分支机构的上级单位认定为单位犯罪主体的，该分支机构相关涉案人员可以作为该上级单位的“其他直接责任人员”追究刑事责任。

24. 对符合追诉条件的分支机构（包括具有独立法人资格的和不具有独立法人资格）及其所属单位，公安机关均没有作为犯罪嫌疑单位移送审查起诉，仅将其所属单位的上级单位作为犯罪嫌疑单位移送审查起诉的，对相关分支机构涉案人员可以区分以下情形处理：

（1）有证据证明被立案的上级单位（比如总公司）在业务、财务、人事等方面对下属单位及其分支机构进行实际控制，下属单位及其分支机构涉案人员可以作为被移送审查起诉的上级单位的“其他直接责任人员”追究刑事责任。在证明实际控制关系时，应当收集、运用公司决策、管理、考核等相关文件，OA 系统等电子数据，资金往来记录等证据。对不同地区同一单位的分支机构涉案人员起诉时，证明实际控制关系的证据体系、证明标准应基本一致。

（2）据现有证据无法证明被立案的上级单位与下属

单位及其分支机构之间存在实际控制关系的，对符合单位犯罪构成要件的下属单位或分支机构应当补充起诉，下属单位及其分支机构已不具备补充起诉条件的，可以将下属单位及其分支机构的涉案犯罪嫌疑人直接起诉。

四、综合运用定罪量刑情节

25. 在办理跨区域涉互联网金融犯罪案件时，在追诉标准、追诉范围以及量刑建议等方面应当注意统一平衡。对于同一单位在多个地区分别设立分支机构的，在同一省（自治区、直辖市）范围内应当保持基本一致。分支机构所涉犯罪嫌疑人与上级单位主要犯罪嫌疑人之间应当保持适度平衡，防止出现责任轻重“倒挂”的现象。

26. 单位犯罪中，直接负责的主管人员和其他直接责任人员在涉互联网金融犯罪案件中的地位、作用存在明显差别的，可以区分主犯和从犯。对起组织领导作用的总公司的直接负责的主管人员和发挥主要作用的其他直接责任人员，可以认定为全案的主犯，其他人员可以认定为从犯。

27. 最大限度减少投资人的实际损失是办理涉互联网金融犯罪案件特别是非法集资案件的重要工作。在决定是否起诉、提出量刑建议时，要重视对是否具有认罪认罚、主动退赃退赔等情节的考察。分支机构涉案人员积极配合调查、主动退还违法所得、真诚认罪悔罪的，应当依法提出从轻、减轻处罚的量刑建议。其中，对情节轻微、可以免予刑事处罚的，或者情节显著轻微、危害不大、不认为是犯罪的，应当依法作出不起诉决定。对被不起诉人需要给予行政处罚或者没收违法所得的，应当向行政主管部门提出检察意见。

五、证据的收集、审查与运用

28. 涉互联网金融犯罪案件证据种类复杂、数量庞大且分散于各地，收集、审查、运用证据的难度大。各地检察机关公诉部门要紧紧围绕证据的真实性、合法性、关联性，引导公安机关依法全面收集固定证据，加强证据的审查、运用，确保案件事实经得起法律的检验。

29. 对于重大、疑难、复杂涉互联网金融犯罪案件，检察机关公诉部门要依法提前介入侦查，围绕指控犯罪的需要积极引导公安机关全面收集固定证据，必要时与公安机关共同会商，提出完善侦查思路、侦查提纲的意见建议。加强对侦查取证合法性的监督，对应当依法排除的非法证据坚决予以排除，对应当补正或作出合理解释的及时提出意见。

30. 电子数据在涉互联网金融犯罪案件的证据体系中地位重要，对于指控证实相关犯罪事实具有重要作用。随着互联网技术的不断发展，电子数据的形式、载体出现了许多新的变化，对电子数据的勘验、提取、审查等提出了更高要求，处理不当会对电子数据的真实性、合法性造成不可逆转的损害。检察机关公诉部门要严格执行《最高人民法院、最高人民检察院、公安部关于办理刑事案件收集提取和审查判断电子数据问题的若干规定》（法发〔2016〕22号），加强对电子数据收集、提取程序和技术标准的审查，确保电子数据的真实性、合法性。对云存储电子数据等新类型电子数据进行提取、审查时，要高度重视程序合法性、数据完整性等问题，必要时主动征求相关领域专家意见，在提取前会同公安机关、云存储服务提供商制定科学合法的提取方案，确保万无一失。

31. 落实“三统两分”要求，健全证据交换共享机制，协调推进跨区域案件办理。对涉及主案犯罪嫌疑人的证据，一般由主案侦办地办案机构负责收集，其他地区提供协助。其他地区办案机构需要主案侦办地提供证据材料的，应当向主案侦办地办案机构提出证据需求，由主案侦办地办案机构收集并依法移送。无法移送证据原件的，应当在移送复制件的同时，按照相关规定作出说明。各地检察机关公诉部门之间要加强协作，加强与公安机关的协调，督促本地公安机关与其他地区公安机关做好证据交换共享相关工作。案件进入审查起诉阶段后，检察机关公诉部门可以根据案件需要，直接向其他地区检察机关调取证据，其他地区检察机关公诉部门应积极协助。此外，各地检察机关在办理案件过程中发现对其他地区案件办理有重要作用的证据，应当及时采取措施并通知相应检察机关，做好依法移送工作。

六、投资人合法权益的保护

32. 涉互联网金融犯罪案件投资人诉求复杂多样，矛盾化解和维护稳定工作任务艰巨繁重，各地检察机关公诉部门在办案过程中要坚持刑事追诉和权益保护并重，根据《刑事诉讼法》等相关法律规定，依法保证互联网金融活动中投资人的合法权益，坚持把追赃挽损等工作贯穿到侦查、起诉、审判各个环节，配合公安、法院等部门最大限度减少投资人的实际损失，加强与本院控申部门、公安机关的联系沟通，及时掌握涉案动态信息，认真开展办案风险评估预警工作，周密制定处置预案，并落实责任到位，避免因部门之间衔接不畅、处置不当造成工作被动。发现重大风险隐患的，及时向有关部门通报情况，必要时逐级上报高检院。

随着互联网金融的发展，涉互联网金融犯罪中的新情况、新问题还将不断出现，各地检察机关公诉部门要按照会议纪要的精神，结合各地办案实际，依法办理涉互联网金融犯罪案件；在办好案件的同时，要不断总结办案经验，加强对重大疑难复杂案件的研究，努力提高办理涉互联网金融犯罪案件的能力和水平，为促进互联网金融规范发展、保障经济社会大局稳定作出积极贡献。在办案过程中遇到疑难问题的，要及时层报高检院公诉厅。

最高人民法院、最高人民检察院、公安部关于办理非法集资刑事案件若干问题的意见

（2019年1月30日　高检令〔2019〕2号）

为依法惩治非法吸收公众存款、集资诈骗等非法集资犯罪活动，维护国家金融管理秩序，保护公民、法人和其他组织合法权益，根据刑法、刑事诉讼法等法律规定，结合司法实践，现就办理非法吸收公众存款、集资诈骗等非法集资刑事案件有关问题提出以下意见：

一、关于非法集资的“非法性”认定依据问题

人民法院、人民检察院、公安机关认定非法集资的“非法性”，应当以国家金融管理法律法规作为依据。对于国家金融管理法律法规仅作原则性规定的，可以根据法律规定的精神并参考中国人民银行、中国银行保险监督管理委员会、中国证券监督管理委员会等行政主管部门依照国家金融管理法律法规制定的部门规章或者国家有关金融管理的规定、办法、实施细则等规范性文件的规定予以认定。

二、关于单位犯罪的认定问题

单位实施非法集资犯罪活动，全部或者大部分违法所得归单位所有的，应当认定为单位犯罪。

个人为进行非法集资犯罪活动而设立的单位实施犯罪的，或者单位设立后，以实施非法集资犯罪活动为主要活动的，不以单位犯罪论处，对单位中组织、策划、实施非法集资犯罪活动的人员应当以自然人犯罪依法追究刑事责任。

判断单位是否以实施非法集资犯罪活动为主要活动，应当根据单位实施非法集资的次数、频度、持续时间、资金规模、资金流向、投入人力物力情况、单位进行正当经营的状况以及犯罪活动的影响、后果等因素综合考虑认定。

三、关于涉案下属单位的处理问题

办理非法集资刑事案件中，人民法院、人民检察院、公安机关应当全面查清涉案单位，包括上级单位（总公司、母公司）和下属单位（分公司、子公司）的主体资格、层级、关系、地位、作用、资金流向等，区分情况依法作出处理。

上级单位已被认定为单位犯罪，下属单位实施非法集资犯罪活动，且全部或者大部分违法所得归下属单位所有的，对该下属单位也应当认定为单位犯罪。上级单位和下属单位构成共同犯罪的，应当根据犯罪单位的地位、作用，确定犯罪单位的刑事责任。

上级单位已被认定为单位犯罪，下属单位实施非法集资犯罪活动，但全部或者大部分违法所得归上级单位所有的，对下属单位不单独认定为单位犯罪。下属单位中涉嫌犯罪的人员，可以作为上级单位的其他直接责任人员依法追究刑事责任。

上级单位未被认定为单位犯罪，下属单位被认定为单位犯罪的，对上级单位中组织、策划、实施非法集资犯罪的人员，一般可以与下属单位按照自然人与单位共同犯罪处理。

上级单位与下属单位均未被认定为单位犯罪的，一般以上级单位与下属单位中承担组织、领导、管理、协调职责的主管人员和发挥主要作用的人员作为主犯，以其他积极参加非法集资犯罪的人员作为从犯，按照自然人共同犯罪处理。

四、关于主观故意的认定问题

认定犯罪嫌疑人、被告人是否具有非法吸收公众存款的犯罪故意，应当依据犯罪嫌疑人、被告人的任职情况、职业经历、专业背景、培训经历、本人因同类行为受到行政处罚或者刑事追究情况以及吸收资金方式、宣传推广、合同资料、业务流程等证据，结合其供述，进行综合分析判断。

犯罪嫌疑人、被告人使用诈骗方法非法集资，符合《最高人民法院关于审理非法集资刑事案件具体应用法律若干问题的解释》第四条规定的，可以认定为集资诈骗罪中“以非法占有为目的”。

办案机关在办理非法集资刑事案件中，应当根据案件具体情况注意收集运用涉及犯罪嫌疑人、被告人的以下证据：是否使用虚假身份信息对外开展业务；是否虚假订立合同、协议；是否虚假宣传，明显超出经营范围或者夸大经营、投资、服务项目及盈利能力；是否吸收资金后隐匿、销毁合同、协议、账目；是否传授或者接受规避法律、逃避监管的方法，等等。

五、关于犯罪数额的认定问题

非法吸收或者变相吸收公众存款构成犯罪，具有下列情形之一的，向亲友或者单位内部人员吸收的资金应当与向不特定对象吸收的资金一并计入犯罪数额：

（一）在向亲友或者单位内部人员吸收资金的过程

中，明知亲友或者单位内部人员向不特定对象吸收资金而予以放任的；

（二）以吸收资金为目的，将社会人员吸收为单位内部人员，并向其吸收资金的；

（三）向社会公开宣传，同时向不特定对象、亲友或者单位内部人员吸收资金的。

非法吸收或者变相吸收公众存款的数额，以行为人所吸收的资金全额计算。集资参与人收回本金或者获得回报后又重复投资的数额不予扣除，但可以作为量刑情节酌情考虑。

六、关于宽严相济刑事政策把握问题

办理非法集资刑事案件，应当贯彻宽严相济刑事政策，依法合理把握追究刑事责任的范围，综合运用刑事手段和行政手段处置和化解风险，做到惩处少数、教育挽救大多数。要根据行为人的客观行为、主观恶性、犯罪情节及其地位、作用、层级、职务等情况，综合判断行为人的责任轻重和刑事追究的必要性，按照区别对待原则分类处理涉案人员，做到罚当其罪、罪责刑相适应。

重点惩处非法集资犯罪活动的组织者、领导者和管理人员，包括单位犯罪中的上级单位（总公司、母公司）

的核心层、管理层和骨干人员，下属单位（分公司、子公司）的管理层和骨干人员，以及其他发挥主要作用的人员。

对于涉案人员积极配合调查、主动退赃退赔、真诚认罪悔罪的，可以依法从轻处罚；其中情节轻微的，可以免除处罚；情节显著轻微、危害不大的，不作为犯罪处理。

七、关于管辖问题

跨区域非法集资刑事案件按照《国务院关于进一步做好防范和处置非法集资工作的意见》（国发〔2015〕59号）确定的工作原则办理。如果合并侦查、诉讼更为适宜的，可以合并办理。

办理跨区域非法集资刑事案件，如果多个公安机关都有权立案侦查的，一般由主要犯罪地公安机关作为案件主办地，对主要犯罪嫌疑人立案侦查和移送审查起诉；由其他犯罪地公安机关作为案件分办地根据案件具体情况，对本地区犯罪嫌疑人立案侦查和移送审查起诉。

管辖不明或者有争议的，按照有利于查清犯罪事实、有利于诉讼的原则，由其共同的上级公安机关协调确定或者指定有关公安机关作为案件主办地立案侦查。需要提请批准逮捕、移送审查起诉、提起公诉的，由分别立案侦查的公安机关所在地的人民检察院、人民法院受理。

对于重大、疑难、复杂的跨区域非法集资刑事案件，公安机关应当在协调确定或者指定案件主办地立案侦查的同时，通报同级人民检察院、人民法院。人民检察院、人民法院参照前款规定，确定主要犯罪地作为案件主办地，其他犯罪地作为案件分办地，由所在地的人民检察院、人民法院负责起诉、审判。

本条规定的“主要犯罪地”，包括非法集资活动的主要组织、策划、实施地，集资行为人的注册地、主要营业地、主要办事机构所在地，集资参与人的主要所在地等。

八、关于办案工作机制问题

案件主办地和其他涉案地办案机关应当密切沟通协调，协同推进侦查、起诉、审判、资产处置工作，配合有关部门最大限度追赃挽损。

案件主办地办案机关应当统一负责主要犯罪嫌疑人、被告人涉嫌非法集资全部犯罪事实的立案侦查、起诉、审判，防止遗漏犯罪事实；并应就全案处理政策、追诉主要犯罪嫌疑人、被告人的证据要求及诉讼时限、追赃挽损、资产处置等工作要求，向其他涉案地办案机关进行通报。其他涉案地办案机关应当对本地区犯罪嫌疑人、被告人涉嫌非法集资的犯罪事实及时立案侦查、起诉、审判，积极协助主办地处置涉案资产。

案件主办地和其他涉案地办案机关应当建立和完善证据交换共享机制。对涉及主要犯罪嫌疑人、被告人的证据，一般由案件主办地办案机关负责收集，其他涉案地提供协助。案件主办地办案机关应当及时通报接收涉及主要犯罪嫌疑人、被告人的证据材料的程序及要求。其他涉案地办案机关需要案件主办地提供证据材料的，应当向案件主办地办案机关提出证据需求，由案件主办地收集并依法移送。无法移送证据原件的，应当在移送复制件的同时，按照相关规定作出说明。

九、关于涉案财物追缴处置问题

办理跨区域非法集资刑事案件，案件主办地办案机关应当及时归集涉案财物，为统一资产处置做好基础性工作。其他涉案地办案机关应当及时查明涉案财物，明确其来源、去向、用途、流转情况，依法办理查封、扣押、冻结手续，并制作详细清单，对扣押款项应当设立明细账，在扣押后立即存入办案机关唯一合规账户，并将有关情况提供案件主办地办案机关。

人民法院、人民检察院、公安机关应当严格依照刑事诉讼法和相关司法解释的规定，依法移送、审查、处理查封、扣押、冻结的涉案财物。对审判时尚未追缴到案或者尚未足额退赔的违法所得，人民法院应当判决继续追缴或者责令退赔，并由人民法院负责执行，处置非法集资职能部门、人民检察院、公安机关等应当予以配合。

人民法院对涉案财物依法作出判决后，有关地方和部门应当在处置非法集资职能部门统筹协调下，切实履行协作义务，综合运用多种手段，做好涉案财物清运、财产变现、资金归集、资金清退等工作，确保最大限度减少实际损失。

根据有关规定，查封、扣押、冻结的涉案财物，一般应在诉讼终结后返还集资参与人。涉案财物不足全部返还的，按照集资参与人的集资额比例返还。退赔集资参与人的损失一般优先于其他民事债务以及罚金、没收财产的执行。

十、关于集资参与人权利保障问题

集资参与人，是指向非法集资活动投入资金的单位和个人，为非法集资活动提供帮助并获取经济利益的单位和个人除外。

人民法院、人民检察院、公安机关应当通过及时公布案件进展、涉案资产处置情况等方式，依法保障集资参与人的合法权利。集资参与人可以推选代表人向人民法院提出相关意见和建议；推选不出代表人的，人民法院可以指定代表人。人民法院可以视案件情况决定集资参与人代表人参加或者旁听庭审，对集资参与人提起附带民事诉讼等请求不予受理。

十一、关于行政执法与刑事司法衔接问题

处置非法集资职能部门或者有关行政主管部门，在调查非法集资行为或者行政执法过程中，认为案情重大、疑难、复杂的，可以商请公安机关就追诉标准、证据固定等问题提出咨询或者参考意见；发现非法集资行为涉嫌犯罪的，应当按照《行政执法机关移送涉嫌犯罪案件的规定》等规定，履行相关手续，在规定的期限内将案件移送公安机关。

人民法院、人民检察院、公安机关在办理非法集资刑事案件过程中，可商请处置非法集资职能部门或者有关行政主管部门指派专业人员配合开展工作，协助查阅、复制有关专业资料，就案件涉及的专业问题出具认定意见。涉及需要行政处理的事项，应当及时移交处置非法集资职能部门或者有关行政主管部门依法处理。

十二、关于国家工作人员相关法律责任问题

国家工作人员具有下列行为之一，构成犯罪的，应当依法追究刑事责任：

（一）明知单位和个人所申请机构或者业务涉嫌非法集资，仍为其办理行政许可或者注册手续的；

（二）明知所主管、监管的单位有涉嫌非法集资行为，未依法及时处理或者移送处置非法集资职能部门的；

（三）查处非法集资过程中滥用职权、玩忽职守、徇私舞弊的；

（四）徇私舞弊不向司法机关移交非法集资刑事案件的；

（五）其他通过职务行为或者利用职务影响，支持、帮助、纵容非法集资的。

最高人民法院、最高人民检察院、公安部、司法部关于办理非法放贷刑事案件若干问题的意见

（2019 年 7 月 23 日　法发〔2019〕24 号）

为依法惩治非法放贷犯罪活动，切实维护国家金融市场秩序与社会和谐稳定，有效防范因非法放贷诱发涉黑涉恶以及其他违法犯罪活动，保护公民、法人和其他组织合法权益，根据刑法、刑事诉讼法及有关司法解释、规范性文件的规定，现对办理非法放贷刑事案件若干问题提出如下意见：

一、违反国家规定，未经监管部门批准，或者超越经营范围，以营利为目的，经常性地向社会不特定对象发放贷款，扰乱金融市场秩序，情节严重的，依照刑法第二百二十五条第（四）项的规定，以非法经营罪定罪处罚。

前款规定中的“经常性地向社会不特定对象发放贷款”，是指 2 年内向不特定多人（包括单位和个人）以借

款或其他名义出借资金10次以上。

贷款到期后延长还款期限的，发放贷款次数按照1次计算。

二、以超过36%的实际年利率实施符合本意见第一条规定的非法放贷行为，具有下列情形之一的，属于刑法第二百二十五条规定的“情节严重”，但单次非法放贷行为实际年利率未超过36%的，定罪量刑时不得计入：

（一）个人非法放贷数额累计在200万元以上的，单位非法放贷数额累计在1000万元以上的；

（二）个人违法所得数额累计在80万元以上的，单位违法所得数额累计在400万元以上的；

（三）个人非法放贷对象累计在50人以上的，单位非法放贷对象累计在150人以上的；

（四）造成借款人或者其近亲属自杀、死亡或者精神失常等严重后果的。

具有下列情形之一的，属于刑法第二百二十五条规定的“情节特别严重”：

（一）个人非法放贷数额累计在1000万元以上的，单位非法放贷数额累计在5000万元以上的；

（二）个人违法所得数额累计在400万元以上的，单位违法所得数额累计在2000万元以上的；

（三）个人非法放贷对象累计在250人以上的，单位非法放贷对象累计在750人以上的；

（四）造成多名借款人或者其近亲属自杀、死亡或者精神失常等特别严重后果的。

三、非法放贷数额、违法所得数额、非法放贷对象数量接近本意见第二条规定的“情节严重”“情节特别严重”的数额、数量起点标准，并具有下列情形之一的，可以分别认定为“情节严重”“情节特别严重”：

（一）2年内因实施非法放贷行为受过行政处罚2次以上的；

（二）以超过72%的实际年利率实施非法放贷行为10次以上的。

前款规定中的“接近”，一般应当掌握在相应数额、数量标准的80%以上。

四、仅向亲友、单位内部人员等特定对象出借资金，不得适用本意见第一条的规定定罪处罚。但具有下列情形之一的，定罪量刑时应当与向不特定对象非法放贷的行为一并处理：

（一）通过亲友、单位内部人员等特定对象向不特定对象发放贷款的；

（二）以发放贷款为目的，将社会人员吸收为单位内部人员，并向其发放贷款的；

（三）向社会公开宣传，同时向不特定多人和亲友、单位内部人员等特定对象发放贷款的。

五、非法放贷数额应当以实际出借给借款人的本金金额认定。非法放贷行为人以介绍费、咨询费、管理费、逾期利息、违约金等名义和以从本金中预先扣除等方式收取利息的，相关数额在计算实际年利率时均应计入。

非法放贷行为人实际收取的除本金之外的全部财物，均应计入违法所得。

非法放贷行为未经处理的，非法放贷次数和数额、违法所得数额、非法放贷对象数量等应当累计计算。

六、为从事非法放贷活动，实施擅自设立金融机构、套取金融机构资金高利转贷、骗取贷款、非法吸收公众存款等行为，构成犯罪的，应当择一重罪处罚。

为强行索要因非法放贷而产生的债务，实施故意杀人、故意伤害、非法拘禁、故意毁坏财物、寻衅滋事等行为，构成犯罪的，应当数罪并罚。

纠集、指使、雇佣他人采用滋扰、纠缠、哄闹、聚众造势等手段强行索要债务，尚不单独构成犯罪，但实施非法放贷行为已构成非法经营罪的，应当按照非法经营罪的规定酌情从重处罚。

以上规定的情形，刑法、司法解释另有规定的除外。

七、有组织地非法放贷，同时又有其他违法犯罪活动，符合黑社会性质组织或者恶势力、恶势力犯罪集团认定标准的，应当分别按照黑社会性质组织或者恶势力、恶势力犯罪集团侦查、起诉、审判。

黑恶势力非法放贷的，据以认定“情节严重”“情节特别严重”的非法放贷数额、违法所得数额、非法放贷对象数量起点标准，可以分别按照本意见第二条规定中相应数额、数量标准的50%确定；同时具有本意见第三条第一款规定情形的，可以分别按照相应数额、数量标准的40%确定。

八、本意见自2019年10月21日起施行。对于本意见施行前发生的非法放贷行为，依照最高人民法院《关于准确理解和适用刑法中“国家规定”的有关问题的通知》（法发〔2011〕155号）的规定办理。

最高人民法院关于审理民间借贷案件适用法律若干问题的规定

（2015年6月23日最高人民法院审判委员会第1655次会议通过　根据2020年8月18日最高人民法院审判委员会第1809次会议通过的《最高人民法院关于修改〈关于审理民间借贷案件适用法律若干问题的规定〉的决定》第一次修正　根据2020年12月23日最高人民法院审判委员会第1823次会议通过的《最高人民法院关于修改〈最高人民法院关于在民事审判工作中适用《中华人民共和国工会法》若干问题的解释〉等二十七件民事类司法解释的决定》第二次修正　2020年12月29日最高人民法院公告公布　自2021年1月1日起施行　法释〔2020〕17号）

为正确审理民间借贷纠纷案件，根据《中华人民共和国民法典》《中华人民共和国民事诉讼法》《中华人民共和国刑事诉讼法》等相关法律之规定，结合审判实践，制定本规定。

第一条 本规定所称的民间借贷，是指自然人、法人和非法人组织之间进行资金融通的行为。

经金融监管部门批准设立的从事贷款业务的金融机构及其分支机构，因发放贷款等相关金融业务引发的纠纷，不适用本规定。

第二条 出借人向人民法院提起民间借贷诉讼时，应当提供借据、收据、欠条等债权凭证以及其他能够证明借贷法律关系存在的证据。

当事人持有的借据、收据、欠条等债权凭证没有载明债权人，持有债权凭证的当事人提起民间借贷诉讼的，人民法院应予受理。被告对原告的债权人资格提出有事实依据的抗辩，人民法院经审查认为原告不具有债权人资格的，裁定驳回起诉。

第三条 借贷双方就合同履行地未约定或者约定不明确，事后未达成补充协议，按照合同相关条款或者交易习惯仍不能确定的，以接受货币一方所在地为合同履行地。

第四条 保证人为借款人提供连带责任保证，出借人仅起诉借款人的，人民法院可以不追加保证人为共同被告；出借人仅起诉保证人的，人民法院可以追加借款人为共同被告。

保证人为借款人提供一般保证，出借人仅起诉保证人的，人民法院应当追加借款人为共同被告；出借人仅起诉借款人的，人民法院可以不追加保证人为共同被告。

第五条　人民法院立案后，发现民间借贷行为本身涉嫌非法集资等犯罪的，应当裁定驳回起诉，并将涉嫌非法集资等犯罪的线索、材料移送公安或者检察机关。

公安或者检察机关不予立案，或者立案侦查后撤销案件，或者检察机关作出不起诉决定，或者经人民法院生效判决认定不构成非法集资等犯罪，当事人又以同一事实向人民法院提起诉讼的，人民法院应予受理。

第六条　人民法院立案后，发现与民间借贷纠纷案件虽有关联但不是同一事实的涉嫌非法集资等犯罪的线索、材料的，人民法院应当继续审理民间借贷纠纷案件，并将涉嫌非法集资等犯罪的线索、材料移送公安或者检察机关。

第七条　民间借贷纠纷的基本案件事实必须以刑事案件的审理结果为依据，而该刑事案件尚未审结的，人民法院应当裁定中止诉讼。

第八条 借款人涉嫌犯罪或者生效判决认定其有罪，出借人起诉请求担保人承担民事责任的，人民法院应予受理。

第九条 自然人之间的借款合同具有下列情形之一的，可以视为合同成立：

（一）以现金支付的，自借款人收到借款时；

（二）以银行转账、网上电子汇款等形式支付的，自资金到达借款人账户时；

（三）以票据交付的，自借款人依法取得票据权利时；

（四）出借人将特定资金账户支配权授权给借款人的，自借款人取得对该账户实际支配权时；

（五）出借人以与借款人约定的其他方式提供借款并实际履行完成时。

第十条 法人之间、非法人组织之间以及它们相互之间为生产、经营需要订立的民间借贷合同，除存在民法典第一百四十六条、第一百五十三条、第一百五十四条以及本规定第十三条规定的情形外，当事人主张民间借贷合同有效的，人民法院应予支持。

第十一条 法人或者非法人组织在本单位内部通过

借款形式向职工筹集资金，用于本单位生产、经营，且不存在民法典第一百四十四条、第一百四十六条、第一百五十三条、第一百五十四条以及本规定第十三条规定的情形，当事人主张民间借贷合同有效的，人民法院应予支持。

第十二条 借款人或者出借人的借贷行为涉嫌犯罪，或者已经生效的裁判认定构成犯罪，当事人提起民事诉讼的，民间借贷合同并不当然无效。人民法院应当依据民法典第一百四十四条、第一百四十六条、第一百五十三条、第一百五十四条以及本规定第十三条之规定，认定民间借贷合同的效力。

担保人以借款人或者出借人的借贷行为涉嫌犯罪或者已经生效的裁判认定构成犯罪为由，主张不承担民事责任的，人民法院应当依据民间借贷合同与担保合同的效力、当事人的过错程度，依法确定担保人的民事责任。

第十三条 具有下列情形之一的，人民法院应当认定民间借贷合同无效：

（一）套取金融机构贷款转贷的；

（二）以向其他营利法人借贷、向本单位职工集资，或者以向公众非法吸收存款等方式取得的资金转贷的；

（三）未依法取得放贷资格的出借人，以营利为目的向社会不特定对象提供借款的；

（四）出借人事先知道或者应当知道借款人借款用于违法犯罪活动仍然提供借款的；

（五）违反法律、行政法规强制性规定的；

（六）违背公序良俗的。

第十四条 原告以借据、收据、欠条等债权凭证为依据提起民间借贷诉讼，被告依据基础法律关系提出抗辩或者反诉，并提供证据证明债权纠纷非民间借贷行为引起的，人民法院应当依据查明的案件事实，按照基础法律关系审理。

当事人通过调解、和解或者清算达成的债权债务协议，不适用前款规定。

第十五条 原告仅依据借据、收据、欠条等债权凭证提起民间借贷诉讼，被告抗辩已经偿还借款的，被告应当对其主张提供证据证明。被告提供相应证据证明其主张后，原告仍应就借贷关系的存续承担举证责任。

被告抗辩借贷行为尚未实际发生并能作出合理说明的，人民法院应当结合借贷金额、款项交付、当事人的经济能力、当地或者当事人之间的交易方式、交易习惯、当事人财产变动情况以及证人证言等事实和因素，综合判断查证借贷事实是否发生。

第十六条 原告仅依据金融机构的转账凭证提起民间借贷诉讼，被告抗辩转账系偿还双方之前借款或者其他债务的，被告应当对其主张提供证据证明。被告提供相应证据证明其主张后，原告仍应就借贷关系的成立承担举证责任。

第十七条 依据《最高人民法院关于适用〈中华人民共和国民事诉讼法〉的解释》第一百七十四条第二款之规定，负有举证责任的原告无正当理由拒不到庭，经审查现有证据无法确认借贷行为、借贷金额、支付方式等案件主要事实的，人民法院对原告主张的事实不予认定。

第十八条 人民法院审理民间借贷纠纷案件时发现有下列情形之一的，应当严格审查借贷发生的原因、时间、地点、款项来源、交付方式、款项流向以及借贷双方的关系、经济状况等事实，综合判断是否属于虚假民事诉讼：

（一）出借人明显不具备出借能力；

（二）出借人起诉所依据的事实和理由明显不符合

常理；

（三）出借人不能提交债权凭证或者提交的债权凭证存在伪造的可能；

（四）当事人双方在一定期限内多次参加民间借贷诉讼；

（五）当事人无正当理由拒不到庭参加诉讼，委托代理人对借贷事实陈述不清或者陈述前后矛盾；

（六）当事人双方对借贷事实的发生没有任何争议或者诉辩明显不符合常理；

（七）借款人的配偶或者合伙人、案外人的其他债权人提出有事实依据的异议；

（八）当事人在其他纠纷中存在低价转让财产的情形；

（九）当事人不正当放弃权利；

（十）其他可能存在虚假民间借贷诉讼的情形。

第十九条 经查明属于虚假民间借贷诉讼，原告申请撤诉的，人民法院不予准许，并应当依据民事诉讼法第一百一十二条之规定，判决驳回其请求。

诉讼参与人或者其他人恶意制造、参与虚假诉讼，人民法院应当依据民事诉讼法第一百一十一条、第一百一十二条和第一百一十三条之规定，依法予以罚款、拘留；构成犯罪的，应当移送有管辖权的司法机关追究刑事责任。

单位恶意制造、参与虚假诉讼的，人民法院应当对该单位进行罚款，并可以对其主要负责人或者直接责任人员予以罚款、拘留；构成犯罪的，应当移送有管辖权的司法机关追究刑事责任。

第二十条 他人在借据、收据、欠条等债权凭证或者借款合同上签名或者盖章，但是未表明其保证人身份或者承担保证责任，或者通过其他事实不能推定其为保证人，出借人请求其承担保证责任的，人民法院不予支持。

第二十一条 借贷双方通过网络贷款平台形成借贷关系，网络贷款平台的提供者仅提供媒介服务，当事人请求其承担担保责任的，人民法院不予支持。

网络贷款平台的提供者通过网页、广告或者其他媒介明示或者有其他证据证明其为借贷提供担保，出借人请求网络贷款平台的提供者承担担保责任的，人民法院应予支持。

第二十二条 法人的法定代表人或者非法人组织的负

责人以单位名义与出借人签订民间借贷合同，有证据证明所借款项系法定代表人或者负责人个人使用，出借人请求将法定代表人或者负责人列为共同被告或者第三人的，人民法院应予准许。

法人的法定代表人或者非法人组织的负责人以个人名义与出借人订立民间借贷合同，所借款项用于单位生产经营，出借人请求单位与个人共同承担责任的，人民法院应予支持。

第二十三条 当事人以订立买卖合同作为民间借贷合同的担保，借款到期后借款人不能还款，出借人请求履行买卖合同的，人民法院应当按照民间借贷法律关系审理。当事人根据法庭审理情况变更诉讼请求的，人民法院应当准许。

按照民间借贷法律关系审理作出的判决生效后，借款人不履行生效判决确定的金钱债务，出借人可以申请拍卖买卖合同标的物，以偿还债务。就拍卖所得的价款与应偿还借款本息之间的差额，借款人或者出借人有权主张返还或者补偿。

第二十四条 借贷双方没有约定利息，出借人主张支付利息的，人民法院不予支持。

自然人之间借贷对利息约定不明，出借人主张支付利息的，人民法院不予支持。除自然人之间借贷的外，借贷双方对借贷利息约定不明，出借人主张利息的，人民法院应当结合民间借贷合同的内容，并根据当地或者当事人的交易方式、交易习惯、市场报价利率等因素确定利息。

第二十五条 出借人请求借款人按照合同约定利率支付利息的，人民法院应予支持，但是双方约定的利率超过合同成立时一年期贷款市场报价利率四倍的除外。

前款所称“一年期贷款市场报价利率”，是指中国人民银行授权全国银行间同业拆借中心自 2019 年 8 月 20 日起每月发布的一年期贷款市场报价利率。

第二十六条 借据、收据、欠条等债权凭证载明的借款金额，一般认定为本金。预先在本金中扣除利息的，人民法院应当将实际出借的金额认定为本金。

第二十七条 借贷双方对前期借款本息结算后将利息计入后期借款本金并重新出具债权凭证，如果前期利率没有超过合同成立时一年期贷款市场报价利率四倍，重新出具的债权凭证载明的金额可认定为后期借款本金。超过部分的利息，不应认定为后期借款本金。

按前款计算，借款人在借款期间届满后应当支付的本息之和，超过以最初借款本金与以最初借款本金为基数、以合同成立时一年期贷款市场报价利率四倍计算的整个借款期间的利息之和的，人民法院不予支持。

第二十八条 借贷双方对逾期利率有约定的，从其约定，但是以不超过合同成立时一年期贷款市场报价利率四倍为限。

未约定逾期利率或者约定不明的，人民法院可以区分不同情况处理：

（一）既未约定借期内利率，也未约定逾期利率，出借人主张借款人自逾期还款之日起参照当时一年期贷款市场报价利率标准计算的利息承担逾期还款违约责任的，人民法院应予支持；

（二）约定了借期内利率但是未约定逾期利率，出借人主张借款人自逾期还款之日起按照借期内利率支付资金占用期间利息的，人民法院应予支持。

第二十九条 出借人与借款人既约定了逾期利率，又约定了违约金或者其他费用，出借人可以选择主张逾期利息、违约金或者其他费用，也可以一并主张，但是总计超过合同成立时一年期贷款市场报价利率四倍的部分，人民法院不予支持。

第三十条 借款人可以提前偿还借款，但是当事人另有约定的除外。

借款人提前偿还借款并主张按照实际借款期限计算利息的，人民法院应予支持。

第三十一条 本规定施行后，人民法院新受理的一审民间借贷纠纷案件，适用本规定。

2020 年 8 月 20 日之后新受理的一审民间借贷案件，借贷合同成立于 2020 年 8 月 20 日之前，当事人请求适用当时的司法解释计算自合同成立到 2020 年 8 月 19 日的利息部分的，人民法院应予支持；对于自 2020 年 8 月 20 日到借款返还之日的利息部分，适用起诉时本规定的利率保护标准计算。

本规定施行后，最高人民法院以前作出的相关司法解释与本规定不一致的，以本规定为准。

图书在版编目（CIP）数据

防范和处置非法集资条例解读与适用指南/郭华编著．—北京：中国法制出版社，2021.4（2021.9重印）
ISBN 978-7-5216-1799-3

Ⅰ.①防… Ⅱ.①郭… Ⅲ.①集资-金融管理-条例-法律解释-中国-指南②破坏金融管理秩序罪-研究-中国-指南 Ⅳ.①D924.33-62

中国版本图书馆CIP数据核字（2021）第062905号

责任编辑：赵　燕　　　　封面设计：杨泽江

防范和处置非法集资条例解读与适用指南

FANGFAN HE CHUZHI FEIFA JIZI TIAOLI JIEDU YU SHIYONG ZHINAN

编著/郭华

经销/新华书店

印刷/三河市国英印务有限公司

开本/880毫米×1230毫米　32开　　　印张/12.75　字数/177千

版次/2021年4月第1版　　　2021年9月第3次印刷

中国法制出版社出版

书号ISBN 978-7-5216-1799-3　　　定价：45.00元

北京西单横二条2号

邮政编码100031　　　传真：010-66031119

网址：http://www.zgfzs.com　　　**编辑部电话：010-66066627**

市场营销部电话：010-66033393　　　**邮购部电话：010-66033288**

（如有印装质量问题，请与本社印务部联系调换。电话：010-66032926）